U0459497

姚颖 □ 主编

小学实践创新

XIAOXUE SHIJIAN CHUANGXIN SHEJI YANJIU

设 计 研 究

教学目标｜学情分析｜教材分析｜教学分析
作业全文｜完成标准｜效果评价｜结果使用

中国国际广播出版社

图书在版编目（CIP）数据

小学实践创新设计研究 / 姚颖主编. –– 北京：中国国际广播出版社，2023.7
ISBN 978–7–5078–5366–7

Ⅰ. ①小… Ⅱ. ①姚… Ⅲ. ①课程设计－教学研究－小学 Ⅳ. ①G622.3

中国国家版本馆CIP数据核字（2023）第140399号

小学实践创新设计研究

主　　编	姚　颖	
责任编辑	尹　航	
校　　对	温秀蕊	
装帧设计	文人雅士文化传媒	

出版发行　中国国际广播出版社有限公司［010-89508207（传真）］
社　　址　北京市丰台区榴乡路88号石榴中心2号楼1701
　　　　　　邮编：100079
印　　刷　廊坊市海涛印刷有限公司

开　　本　710×1000　1/16
字　　数　240千字
印　　张　15.75
版　　次　2023年7月 北京第一版
印　　次　2023年7月 第一次印刷
定　　价　78.00元

版权所有　盗版必究

目　录

数　学

语　文

英　语

地　方

书　法

《面积解决问题》作业设计

刘琳琳

作业主题：《面积解决问题》出自数学三年级下册第五单元。

一、教学目标

1.应用长方形和正方形的面积计算公式解决生活中的实际问题。

2.进一步体会解决问题的一般步骤，知道可以用不同的方法解决问题；逐步培养分析和解决问题的能力。

3.感受数学与现实生活的密切联系，提高学习数学的兴趣，形成质疑问难和勇于探索的科学精神。

二、学情分析

三年级学生由于年龄特征和心理特点，形象思维占主要地位，需要以动手操作和直观表象作为支撑。本节课教学可以以实际测量与解决问题相结合，引导学生建构空间观念和初步的几何直观，在主题活动中进一步认识解决问题的知识与方法，积累数学活动经验，形成量感、推理意识和应用意识；作业设计时要巩固解决问题的基本步骤，让学生灵活应用，发展数学应用意识，鼓励学生用自己的方法解决问题，在实践活动中经历从具体到抽象的过渡，真正落实培养和发展空间观念目标，以不断提高解决问题的能力。

三、教材分析

课标 要求	《面积解决问题》是三年级下册"第五单元——面积"中的内容，属于图形与几何中的"面积"。 《义务教育数学课程标准（2022年版）》中，将"应用意识"作为核心概念之一，同时指出应用意识主要是指有意识地利用数学的概念、原理和方法解释现实世界中的现象与规律，解决现实世界中的问题。面积的教学有利于发展学生的空间观念，提高学生解决简单实际问题的能力。

知识 上挂 下联	知识前量	学生在三年级上册的学习中已经掌握了长方形和正方形的基本特征，在三年级下册中知道了长方形和正方形面积的计算、面积单位间的进率。
	后续知识	继续深入学习"面积解决问题"，继而在五年级上册完成多边形的面积，探究用多边形面积公式解决实际问题。

单元 重点	在小学阶段的学习中"图形与几何"有着举足轻重的作用，而"面积解决问题"这一教学内容是本单元的教学重点，也是全册教材的重点之一。教材在编排上重在培养学生的应用意识与实践能力，让学生积累数学活动经验，形成量感、推理意识和应用意识。

四、教学分析

用面积解决问题的关键是：应用正方形和长方形的面积公式解决生活中的实际问题，根据获取的数学信息提出数学问题，用简单的示意图将这些信息和问题表示出来，强化对数学信息的理解，也为探究解决问题的方法提供直观模型。

由于学生对面积解决问题的掌握还不够熟练，综合运用知识解决实际问题的能力还有所欠缺，所以需要课后作业来检验学生的学习效果，进而帮助学生巩固所学知识。

五、作业全文

主题活动——"玩"转面积"数"我最精彩

同学们，欢迎来到数学王国，三年级数学教师奇思妙想，带领学生开展别开生面的数学作业实践活动。他们从学生最熟悉的生活学习环境中选择学习对象，活动涉及课桌桌面的面积测量、铺教室地砖、粉刷教室墙壁、测量学校的小菜地……让我们一起去参观一下吧！

基础性作业	设计意图	预计完成时间
1.对于同学们平时常用的学习桌，你知道它们的面积是多少吗？ 小名同学想到，用面积是1平方分米的正方形 ▨ 纸量长方形桌面的面积。他沿着长边摆了8张，沿着宽边摆了5张，接下来他该如何计算呢？ 2.为了迎接国庆节，学校开展了板报设计活动，班级教室的黑板长3米，宽1米，那么黑板的面积是多少呢？ 	第1题从学生常用的学习用具入手，激发学生的学习兴趣，让学生动手操作、自主探究，进而更好地理解面积的概念。 第2题是在学生掌握长方形、正方形面积计算方法基础上进行教学的，通过以上知识解决生活中的实际问题。	5分钟

综合性作业	设计意图	预计完成时间
1.某个班级的教室地面长9米、宽6米。用面积是9平方分米的正方形地砖铺教室地面，需要多少块？ 2.教室前面的墙壁长6米，宽3米，墙上有一块黑板，经过同学们的测量是3平方米。如果我们想粉刷班级前面的墙壁，让班级焕然一新，要粉刷的面积是多少平方米？ 长6米 宽3米 	第1题是数学学科内部"数与代数"领域和"图形与几何"领域的综合题目，既巩固了笔算除法的计算方法，也考查了学生综合运用知识解决问题的能力。 第2题是数学与生活联系的综合题目，选自学生感兴趣的内容，让学生不断感悟度量的本质，发展度量的意识。	8分钟

同学们，经过你们的努力，我们知道了学习课桌桌面及教室黑板的面积，帮助班级铺了地砖、粉刷了墙壁，那你们知道吗，我们学校还有一个小菜地，小菜地里种有各种各样的农作物。快跟着老师的脚步，一起去探访吧！

实践性作业	设计意图	作业说明
同学们，我们来到了学校的小菜地，请大家仔细观察各种各样的农作物，并结合你们的生活经验，说一说你们都认识哪些品种吧！ 你们知道我们的小菜地的面积是多少吗？结合你们之前积累的学习经验，动脑思考、动手操作起来吧！我们把班级的学生一共分成五组，请同学们自主合作探究，一起交流经验，得出最后的结论。	本题设计把"图形与几何"领域和"统计与概率"领域相结合，在巩固本节课知识的同时，复习了统计的基本方法，让学生在收集数据，整理、描述和分析数据的过程中进一步形成统计观念。 通过这项作业，孩子们不仅可以测出学校小菜地的面积，还可以认识各种各样的农作物，丰富了学生的生活经验，体现了数学与科学的整合。同时，还可以让学生学会用数学的思维思考现实生活中的问题。	此题为自选作业，学生可以小组合作交流，结合实际情况自愿完成挑战！

小菜地面积	一班数据	二班数据	平均数据
第一组			
第二组			
第三组			
第四组			
第五组			

六、完成标准

模块	完成标准
基础性作业	学生在规定时间内独立完成，通过一组情境练习，能正确列式并计算，准确解决生活中的实际问题。
	作业预计时长：5分钟。
综合性作业	考查学生综合运用知识解决问题的能力，拓展学生思维，能将单位面积换算正确，培养学生解决问题的能力以及质疑的精神。
	作业预计时长：8分钟。
实践性作业	积极参与，合作交流，主动收集相关数据信息，用学过的知识整理和分析数据，能提出用面积解决的实际问题。
作业预计总时长：15—25分钟。	

七、效果评价

模块	预设效果	评价
基础性作业	80%左右的学生在规定时间内能够独立完成、准确作答，书写有条理。	学生对解决问题的三大步骤掌握得较好，很好地落实了教学目标。
	超过20%的学生面积转换不够准确，没有理解题意，不能列出正确算式。	学生前期知识经验不足，没有理解题意。
综合性作业	70%左右的学生思路清晰，解决问题的步骤正确，能关注链接到知识的内容。	熟练掌握有关面积的解题技巧，综合运用解决问题的能力得以提高。
	30%左右的学生理解问题能力欠缺，考虑不全面，或者出现书写步骤不完整等问题。	对于稍复杂的实际问题，教师应多角度发散学生思维，培养学生理解问题的能力。
实践性作业	学生积极参与，小组合作交流，主动收集相关数据信息，用学过的知识进行整理和分析，提出用面积解决实际问题。	运用已学过的数学知识、技能来解决生活实际问题，积累数学活动经验，形成初步的应用意识。

八、结果使用

板块	预设效果	结果使用
基础性作业	80%左右的学生能够独立思考完成，具备解决问题的能力。	学生对本节课的知识整体把握很好，课堂教学效果明显，落实了教学目标，对于有个别学生出现错误的情况，应辅导学生找出错误原因，重点指导。
	20%左右的学生不具备独立分析问题的能力，计算不准确。	集体反馈，找出错误的原因，教师应夯实学生的基础知识以及分析问题的能力。
综合性作业	70%左右的学生能够综合运用知识解决问题，用简单的示意图将这些信息和问题表示出来。	学生对本节课的知识理解得很好，落实了数学的核心素养。把数学与生活实际相结合，激发了学生的学习兴趣。
	30%左右的学生不能够准确理解题意、找出关键词，计算不够准确。	学生对本节课的个别题型掌握得不是很好，教师的引导方向需要再准确，要培养学生解决问题的能力。
实践性作业	学生积极参与，小组合作交流讨论，结合生活实际情况解决问题。	学生对于这类问题兴趣浓厚，通过小组合作探究，解决了提出的问题。

数学三年级上册期末试卷命制说明

刘琳琳

试题项目名称	数学三年级上册期末试卷
命题科目	小学数学

一、命题范围

数学三年级上册

第一单元 《时、分、秒》	认识秒这一时间单位，知道1分=60秒；结合生活经验体验时间的长短，结合具体的生活情境，体会时刻与经过时间之间的区别和联系，能解决简单的实际问题。
第二单元 《万以内的加法和减法（一）》	能够正确口算两位数加、减两位数，会正确计算几百几十加、减几百几十，在解决具体问题的过程中，培养估算意识，体验解决问题策略的多样性。
第三单元 《测量》	经历实际测量的过程，在实践活动中认识长度单位，会简单的单位换算，感受数学与生活的密切联系。
第四单元 《万以内的加法和减法（二）》	正确计算三位数加、减三位数，理解验算的意义，初步养成检查和验算的习惯，经历计算法则的形成过程。
第五单元 《倍的认识》	能解决"求一个数是另一个数的几倍"和"求一个数的几倍是多少"的实际问题，培养几何直观，渗透模型思想。

续表

第六单元《多位数乘一位数》	熟练口算整十、整百、整千数乘一位数，两位数乘一位数（不进位），经历多位数乘一位数的计算过程，掌握多位数乘一位数的计算方法。
第七单元《长方形和正方形》	通过观察、操作，认识长方形、正方形的特征，测量简单图形的周长，探索并掌握长方形、正方形的周长公式，解决实际问题，感受数学与生活的联系，发展学生的空间观念和推理能力。
第八单元《分数的初步认识》	通过操作活动初步认识几分之一和几分之几，比较简单分数的大小，计算同分母分数的加、减法。感悟数形结合的数学思想和方法，发展数感。
第九单元《数学广角——集合》	经历解决问题的过程，了解简单的集合知识，运用集合的思想和方法解决简单的实际问题。

二、整体命制意图

整体命制意图	本次数学试卷的内容基于教材，以核心素养为导向完成命题，关注"四基""四能"，从多方面考查学生对于本册教材知识掌握的灵活性、准确性、全面性等程度，知识点覆盖全面，重难点突出。 让学生在分析问题和解决问题的过程中，进一步体会到数学在生活中的运用，充分体现了"数学源于生活，生活中处处有数学"的理念。 同时，2022版数学课表指出，教师应注意学生的基本能力——数感、符号意识、空间观念、几何直观、数据分析观念、运算能力、推理能力、模型思想、应用意识和创新意识的发展训练程度。
答题时间	70分钟

三、命制试题及命题说明

【命制试题】

数学三年级上册期末试卷

 建立成长小档案：同学们，这一学期结束了，请你们自主回顾本学期的学习收获，分享数学学习神奇有趣的事情，建立一份本学期的成长小档案吧！

试题	命题说明
一、填空题（共24分） 1.1分40秒=（　　）秒　　　3厘米8毫米=（　　）毫米 　6500千克=（　　）吨（　　）千克　70分米=（　　）米 　120分=（　　）时　　　　8000米−3000米=（　　）千米 2.一盒饼干有24块，平均分给4个小朋友。每个小朋友分到这盒饼干的（　　），每个小朋友分到（　　）块。 3.一个长方形的长是6厘米，宽是2厘米，它的周长是（　　）厘米。 4.现在是 ⏰，再过30分钟哈尔滨飞往北京的飞机就要起飞了，飞机起飞的时间是（　　）时（　　）分。 5.一块蛋糕，哥哥吃了$\frac{1}{7}$，姐姐吃了$\frac{3}{7}$，两人一共吃了这块蛋糕的（　　），剩下的蛋糕占整块蛋糕的（　　）。 6.用一根长16厘米的铁丝围一个长是5厘米的长方形框架，长方形的宽是（　　）厘米。 7.比较大小，在○填上"＞"、"＜"或"＝"。 　$\frac{5}{6}$○$\frac{3}{6}$　　$\frac{4}{7}$○$\frac{4}{5}$　　$\frac{3}{4}$○$\frac{1}{2}+\frac{1}{2}$ 　1600千克−600千克○1吨　　3000千米○3050米 　4分钟○400秒　　　　1+3+5+0○1×3×5×0 8.小红今年6岁，妈妈的年龄是小红的5倍，妈妈今年（　　）岁。爸爸的年龄比妈妈大3岁，爸爸今年（　　）岁。	第1题认识单位，进行简单的单位换算；第7题会比较大小；第4题考查学生对于时间的计算；第3题和第6题结合实例认识周长，探索并掌握长方形和正方形的周长计算公式；第2题和第5题初步认识分数的意义；第8题结合生活实际计算年龄。

续表

试题	命题说明
二、判断题（认为对的打"√"，错误的打"×"。）（5分） 1.1000克棉花和1千克铁比较，1千克铁重。（　　） 2.小明爸爸的身份证号码是230103198402181627。（　　） 3.5个$\frac{1}{8}$加2个$\frac{1}{8}$是$\frac{7}{8}$。（　　） 4.正方形的四条边都相等，四个角都是直角。（　　） 5.一根绳，先剪掉它的$\frac{1}{2}$，再剪掉剩下绳长的$\frac{1}{2}$，两次剪掉的同样多。（　　）	第1题结合生活实际，比较质量单位；第2题了解数字编码；第3题进行分数的简单计算；第4题掌握正方形的特点；第5题理解分数的意义。
三、选择题（把正确答案的序号填在括号里）（10分） 1.比较图中甲和乙两部分，周长（　　）。 A.相等　　B.甲>乙　　C.乙>甲 2.下面的积约是2400的算式是（　　）。 A.7×489　　B.4×595　　C.493×8 3.一个长方形的宽是4厘米，长是宽的3倍，这个长方形的周长是（　　）。 A.14厘米　　B.16厘米　　C.32厘米 4.同学们去极地馆游玩，观看企鹅表演的有66人，观看海豹表演的有77人，两个表演都观看的有26人。去极地馆游玩的学生一共有（　　）人。 A.117　　B.139　　C.158 5.下面图形中涂色部分表示$\frac{1}{4}$的是（　　） A.　　B.　　C.	第1题通过推导长方形周长的计算过程，感悟数学的度量方法，逐步形成量感和推理意识；第2题通过估算逐渐培养数感；第3题通过倍的认识，求长方形的周长；第4题了解简单的集合知识，结合生活实际初步感受它的意义；第5题能直观描述分数，起到数形结合的作用。

续表

试题	命题说明
四、计算题（共26分） 1.直接写出得数。（共8分） $300 \times 6=$ $23 \times 3=$ $0 \times 140=$ $79+27=$ $302 \times 4=$ $84-26=$ $\frac{1}{2}+\frac{1}{2}-\frac{1}{4}=$ $\frac{1}{9}+\frac{7}{9}=$ 2.列竖式计算。（共12分） $389+268=$ $900-379=$ $703-599=$ $275 \times 6=$ $305 \times 4=$ $580 \times 7=$ 3.脱式计算。（共6分） $8 \times 9-67=$ $(352-289)\div 7=$ $375+64\div 8=$	掌握三位数加三位数的进位加法，熟练掌握中间有0的连续退位减法，探索并掌握多位数乘一位数的计算方法、分数的简单计算，通过计算的训练，逐步形成数感、提高运算能力。
五、操作题（5分） 1.画一条长5厘米4毫米的线段，并标上长度数据。 2.在下面的格子图中画一个周长是20厘米的正方形。（每个格子边长看作1厘米）	掌握线段和正方形的画法。
六、解决问题（30分） 1.观察下面几幅图，想一想： （1）买一个手表和一个录音机一共要花多少钱？ （2）请你估一估，用700元钱买一个电饭煲和一辆自行车够吗？ 138元　295元　368元　337元　67元	第1题通过合适的问题情境，学会基本估算方法，感悟并逐步内化为估算能力；

续表

试题	命题说明
2.为喜迎党的二十大，学校某班级同学展开了特质画展活动。班级特质为手工剪纸，前3天已经做好了15个。照这样计算，如果再做6天，还能做多少个手工剪纸？  3.一块长方形菜地，长6米，宽4米。如果四周围上篱笆，篱笆要多少米？如果一面靠墙，篱笆至少要多少米？ 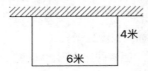 4.甲盒里有6个乒乓球，乙盒里的乒乓球数比甲盒的3倍多2个，乙盒乒乓球的数量是多少？ 5.校园艺术节，三年一班的45名同学在排练节目，其中$\frac{1}{9}$的同学在排练舞蹈，剩下的都在排练大合唱。排练舞蹈和大合唱的同学各有多少名？ **自我评价**：你觉得自己还应该在哪些方面更努力些？	第2题结合喜迎党的二十大把数学与实际生活紧密结合，引导学生分析和表达情境中的数量关系；第3题求长方形的周长，培养分析问题和解决问题的能力；第4题能解决"求一个数是另一个数的几倍"的实际问题，在解决问题的过程中培养几何直观，渗透模型思想，形成初步的模型意识；第5题通过分数的初步认识，能正确写出算式，提升解决问题的能力，形成初步的推理意识。

数学三年级上册期末试卷

（考试时间：70分钟）

建立成长小档案： 同学们，这一学期结束了，请你们自主回顾本学期的学习收获，分享数学学习神奇有趣的事情，建立一份本学期的成长小档案吧！

一、填空题（共24分）

1.1分40秒=（ ）秒　　　　　　　　　3厘米8毫米=（ ）毫米

6500千克=（ ）吨（ ）千克　　　　70分米=（ ）米

120分=（ ）时　　　　　　　8000米−3000米=（ ）千米

2.一盒饼干有24块，平均分给4个小朋友。每个小朋友分到这盒饼干的（ ），每个小朋友分到（ ）块。

3.一个长方形的长是6厘米，宽是2厘米，它的周长是（ ）厘米。

4. 现在是 ，再过30分钟哈尔滨飞往北京的飞机就要起飞了，飞机起飞的时间是（ ）时（ ）分。

5.一块蛋糕，哥哥吃了 $\frac{1}{7}$，姐姐吃了 $\frac{3}{7}$，两人一共吃这块蛋糕的（ ），剩下的蛋糕占整块蛋糕的（ ）。

6.用一根长16厘米的铁丝围一个长是5厘米的长方形框架，长方形的宽是（ ）厘米。

7.比较大小，在○填上"＞"、"＜"或"＝"。

$\frac{5}{6}$○$\frac{3}{6}$　　$\frac{4}{7}$○$\frac{4}{5}$　　$\frac{3}{4}$○$\frac{1}{2}+\frac{1}{2}$

1600千克−600千克○1吨　　　3000千米○3050米

4分钟○400秒　　　　1+3+5+0○1×3×5×0

8.小红今年6岁，妈妈的年龄是小红的5倍，妈妈今年（　　　）岁。爸爸的年龄比妈妈大3岁，爸爸今年（　　　）岁。

二、判断题（认为对的打"√"，错误的打"×"。）（5分）

1.1000克棉花和1千克铁比较，1千克铁重。　　　　　　　　（　　　）

2.小明爸爸的身份证号码是230103198402181627。　　　（　　　）

3.5个$\frac{1}{8}$加2个$\frac{1}{8}$是$\frac{7}{8}$。　　　　　　　　　　　　　　　（　　　）

4.正方形的四条边都相等，四个角都是直角。　　　　　　　（　　　）

5.一根绳，先剪掉它的$\frac{1}{2}$，再剪掉剩下绳长的$\frac{1}{2}$，两次剪掉的同样多。

（　　　）

三、选择题（把正确答案的序号填在括号里）（10分）

1.比较图中甲和乙两部分，周长（　　　）。

A.相等　　　B.甲>乙　　　C.乙>甲

2.下面的积约是2400的算式是（　　　）。

A.7×489　　　B.4×595　　　C.493×8

3.一个长方形的宽是4厘米，长是宽的3倍，这个长方形的周长是（　　　）。

A.14厘米　　　B.16厘米　　　C.32厘米

4.同学们去极地馆游玩，观看企鹅表演的有66人，观看海豹表演的有77人，两个表演都观看的有26人。去极地馆游玩的学生一共有（　　　）人。

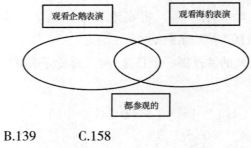

A.117　　　B.139　　　C.158

5.下面图形中涂色部分表示$\frac{1}{4}$的是（　　　）

A.  B. C.

四、计算题（共26分）

1.直接写出得数。（共8分）

$300 \times 6=$ $23 \times 3=$ $0 \times 140=$ $79+27=$

$302 \times 4=$ $84-26=$ $\frac{1}{2}+\frac{1}{2}-\frac{1}{4}=$ $\frac{1}{9}+\frac{7}{9}=$

2.列竖式计算。（共12分）

$389+268=$ $900-379=$ $703-599=$

$275 \times 6=$ $305 \times 4=$ $580 \times 7=$

3.脱式计算。（共6分）

$8 \times 9-67=$ $（352-289）\div 7=$ $375+64 \div 8=$

五、操作题（5分）

1.画一条长5厘米4毫米的线段，并标上长度数据。

2.在下面的格子图中画一个周长是20厘米的正方形。（每个格子边长看作1厘米）

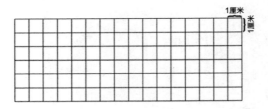

六、解决问题（30分）

1.观察下面几幅图，想一想：

| 138元 | 295元 | 368元 | 337元 | 67元 |

（1）买一个手表和一个录音机一共要花多少钱?

（2）请你估一估，用700元钱买一个电饭煲和一辆自行车够吗?

2.为喜迎党的二十大，学校某班级同学展开了
特质画展活动。班级特质为手工剪纸，前3天已经
做好了15个。照这样计算，如果再做6天，还能做
多少个手工剪纸？

3.一块长方形菜地，长6米，宽4米。如果四周围上篱笆，篱笆要多少
米？如果一面靠墙，篱笆至少要多少米？

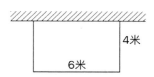

4.甲盒里有6个乒乓球，乙盒里的乒乓球数比甲盒的3倍多2个，乙盒乒乓
球的数量是多少？

5.校园艺术节，三年一班的45名同学在排练节目，其中$\frac{1}{9}$的同学在排练舞
蹈，剩下的都在排练大合唱。排练舞蹈和大合唱的同学各有多少名？

三年级上期末考试数学试题答案

一、填空题（共24分）

1.100、38、6、500、7、2、5；

2.$\frac{1}{4}$、6；　3.16；　4.10、10；　5.$\frac{4}{7}$、$\frac{3}{7}$；

6.3；　7. >、<、<、=、>、<、>；　8.30、33

二、判断题（10分）

1. × ；　2. × ；　3. √ ；　4. √ ；　5. ×

三、选择题（10分）

1.A ；　2.B ；　3.C ；　4.A ；　5.C

四、计算题（共26分）

1.1800 、69、0、106、1208、58、$\frac{3}{4}$、$\frac{8}{9}$

2.列竖式计算

389+268= 657　　　900−379=521　　　703−599=104

$$
\begin{array}{r}
3\,8\,9 \\
+2\,6\,8 \\
\hline
6\,5\,7
\end{array}
\qquad
\begin{array}{r}
9\,0\,0 \\
-3\,7\,9 \\
\hline
5\,2\,1
\end{array}
\qquad
\begin{array}{r}
7\,0\,3 \\
-5\,9\,9 \\
\hline
1\,0\,4
\end{array}
$$

275×6=1650　　　305×4=1220　　　580×7=4060

$$
\begin{array}{r}
2\,7\,5 \\
\times\quad 6 \\
\hline
1\,6\,5\,0
\end{array}
\qquad
\begin{array}{r}
3\,0\,5 \\
\times\quad 4 \\
\hline
1\,2\,2\,0
\end{array}
\qquad
\begin{array}{r}
5\,8\,0 \\
\times\quad 7 \\
\hline
4\,0\,6\,0
\end{array}
$$

3.脱式计算

　8×9−67　　　（352−289）÷7　　　375+64÷8

=72−67　　　　=63÷7　　　　　=375+8

=5　　　　　　=9　　　　　　　=383

五、操作题（5分）

1. |_____|

5厘米4毫米

2.正方形边长：20÷4=5厘米

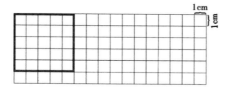

六、解决问题（30分）

1.（1）138+337=475元

答：买一个手表和一个录音机一共要花475元。

（2）295+368＜670

300+370=670

295+368＜670＜700

答：用700元买一个电饭煲和一辆自行车够。

2.15÷3×6=30个

答：还能做30个手工剪纸。

3.（6+4）×2=20米

答：篱笆要20米。

6+4+4=14米

答：一面靠墙，至少要14米。

4.6×3+2=20个

答：乙盒有20个乒乓球。

5.45×$\frac{1}{9}$=5名

45−5=40名

答：排练舞蹈的同学有5名，排练大合唱的同学有40名。

【评价结果认定】

知识能力点值	100	85—99	70—84	60—69	60以下
等级	出色	优秀	良好	合格	不合格

试卷多维细目表

大题号	小题号	考查点	能力层级				素养维度	试题难度			知识能力点值
			了解	理解	掌握	运用		易	中	难	
一、我会填	1	单位换算	√				运算能力、符号意识	√			7
	2	认知几分之一		√			数感	√			2
	3	长方形的周长			√		几何直观	√			1
	4	时间计算		√			模型意识	√			2
	5	分数的初步认识		√			抽象意识		√		2
	6	长方形的周长				√	几何直观			√	1
	7	数大小比较、单位换算		√			单位换算	√			7
	8	倍的理解				√	应用意识		√		2
二、我会判	1	质量单位	√				量感	√			2
	2	身份证编码	√				综合实践	√			2
	3	分数的初步认识		√			数感	√			2
	4	正方形的特点			√		几何直观	√			2
	5	分数的意义		√			数感	√			2
三、我会选	1	周长		√			几何直观	√			2
	2	估算	√				数感	√			2
	3	长方形周长	√				数感	√			2
	4	集合				√	应用意识			√	2
	5	分数的初步认识		√			数感		√		2
四、我会算	1	口算			√		运算能力	√			8
	2	竖式计算			√		运算能力	√			12
	3	脱式计算			√		运算能力	√			6
五、我会操作	1	画线段			√		几何直观	√			5
	2	画正方形周长			√		几何直观			√	5
六、我会解决	1	数据收集、估算意识			√		应用意识	√			5
	2	归一问题				√	模型意识		√		5
	3	长方形的周长			√		几何直观	√			5
	4	倍的理解		√			抽象意识		√		5
	5	分数的初步认识				√	创新意识	√			5

《商是一位数的笔算除法》作业设计

史　晶

作业主题：《商是一位数的笔算除法》出自数学四年级上册第六单元。

一、教学目标

1.理解整十数除整十数、几百几十数，商是一位数的笔算除法的算理。掌握整十数除整十数、几百几十数，商是一位数的笔算除法的计算方法，并能运用竖式正确进行计算。

2.探索整十数除整十数、几百几十数，商是一位数的笔算方法，渗透数形结合和迁移的数学思想方法，培养运算能力和推理能力。

3.通过学习活动，获得成功的体验，感受数学与生活的密切联系，体会学习数学的乐趣。

二、学情分析

认知基础：学生在学习除数是一位数的笔算除法时，已经掌握了除法的基本方法，如除的顺序、商的书写位置、余数必须比除数小等。除数是两位数的除法的计算原理与除数是一位数的除法相同，只是试商的难度加大。在用一位数除时，利用乘法口诀就可以求出一位恰当的商。而在用两位数除的过程中，要确定一位商是几，不仅和除数十位上的数有关，而且还和除数个位上的数有关，计算过程比较复杂，有时需要试两三次才能求出一位恰当的商。

能力水平：四年级的学生具有一定的推理能力和解决问题的能力。他们有能力通过自主探究用已经掌握的旧知识来解决遇到的新问题，并能在合作交流的过程中汲取别人的长处，完善自己的方案。

心理特点： 四年级是培养学习能力和情感能力的重要时期，学生开始从低学段的被动学习向高学段的主动学习转变。学生注意力的集中时间更长，思维更成熟、更全面，自尊心也更强，教师要尊重学生的年龄特点和心理变化，教授知识的同时也要关注学生的情绪，多以表扬等积极情绪鼓励学生。

三、教材分析

本课属于数与代数领域的数与运算。《义务教育数学课程标准（2022年版）》指出：认识自然数，能进行整数四则运算，形成数感、运算能力和初步的推理意识。结合现实生活，能尝试运用所学的数学知识和方法描述、表达、分析、解释实际问题，运用常见的数量关系解决问题，形成量感和初步的应用意识以及分析问题与解决问题的能力。

学生在二年级下册已经学习了《表内除法》和《有余数的除法》，在三年级下册已经学习了《除数是一位数的除法》，掌握了笔算除法的基本方法。本单元《除数是两位数的除法》是小学生学习整数除法的最后阶段，本课也为学生后续正确计算两位数除三位数打下基础。

四、教学分析

整堂课从学生熟悉的读书活动切入，走进用竖式计算除法的学习中，这样的情境创设，让学生在课堂上更有活力。而最后解决生活中的实际问题，则充分体现出数学源于生活的思想。教学例1时，先让学生估计商是多少，说出估计的方法，而后再进行计算，并引导学生运用估算的方法来验证计算的正确性，重点借助小棒图理解商的位置，这也是一处易错点。教学例2时，运用学生的生成资源，处理了被除数的前两位不够除要看前三位的问题，使算理和算法有效结合。通过课堂效果，发现此类计算还需加强练习，为有效落实本课教学目标，帮助学生加深对算理的理解和对算法的掌握，从而设计了以下作业。

五、作业全文

	作业全文	作业布置意图
基础性作业	1.算一算，填一填。 被除数的前两位不够除，要看前（ ）位，50×（ ）接近368且小于368，所以商（ ）。 $50\overline{)368}$	通过算一算和填一填加深理解算理，并进一步巩固笔算方法。直指教学重难点，体现基础性。
	2.笔算。 70÷20= 420÷70= 548÷80= 158÷30=	笔算除法练习。四道题中有两位数除以整十数；有三位数除以整十数；有能整除的，有有余数的；有余一位数的，有余整十数的。要在控制题量的基础上尽量展示多种笔算情况。提高学生的运算能力的同时做到减负增效，体现科学性。
	3. 判断，如有错误请改正。 160÷50=3……1 220÷40=4……60 $50\overline{)160}$ 商3，150，余1 $40\overline{)220}$ 商4，160，余60 改正： 改正：	由于商的位置和余数要比除数小是学生笔算除法时的易错点，所以我设计了这两道判断题，来指向易错易混的知识点。发挥诊断作用。

	作业全文	作业布置意图
综合性作业	1. 在下面的□中填入适当的数字，使算式成立。 （笔算除法竖式）	本题需要学生综合运用笔算除法的知识来把算式补充完整。考查学生对笔算除法各部分含义的掌握情况和综合运用知识解决问题的能力，以及推理能力和数感，可以有效训练数学思维。
	2. 校园艺术节活动中，四年级每班出学生代表，共同完成一幅面积为4平方米的画作，画纸长50分米，画纸的宽是多少分米？	借助校园艺术节情境，编排了两道综合性作业和一道拓展性作业。激发学生解决问题的兴趣，体现作业设计的激励性和创新性。 本题是数学学科内部"数与代数"领域和"图形与几何"领域的综合题目。既巩固了商是一位数的笔算除法，又考查了学生综合运用知识解决问题的能力。培养学生全面思考问题的能力。
	3. 校园艺术节活动中，美术老师组织学生共绘制了122个京剧脸谱用来装饰楼道，如果每层楼要用40个京剧脸谱，那么这些脸谱够装饰几层楼？ 你知道吗？京剧脸谱是一种具有中国文化特色的特殊化妆方法。京剧脸谱艺术是广大戏曲爱好者非常喜爱的一门艺术，国内外都很流行，已经被大家公认为是中国传统文化的标识之一。 	本题是数学与其他学科之间的综合题目，重点考查学生利用除法的含义解决实际问题的能力，并在学业诊断的同时向学生介绍了中国的传统文化——脸谱。可以让学生感受中国文化之美，增强民族自豪感，落实国家认同核心素养。
拓展性作业	校园艺术节中，学校在操场上准备了20个展板，用来展示全校同学的优秀绘画作品。一至五年级共有优秀作品496幅，你能与小组同学合作帮助美术老师算一算，平均每个展板放多少幅绘画作品吗？想一想，怎样摆更美观？	本题是一个合作完成的拓展性作业，学生尝试利用已掌握知识解决新问题，渗透了转化的数学思想方法，进一步巩固笔算除法算理的同时蕴含美育教育，引发学生深度思考，落实审美情趣核心素养。

六、完成标准

作业类型	作业内容			完成标准	分层评价
基础性作业（必做）	必选1	必选2	必选3	基础作业有3道小题，需要学生在规定时间内全部完成，要求书写工整、计算准确。	一层级自评★★ 二层级教师评★★★ 优点： 不足：
	作业预计时长：5分钟				
综合性作业（选做）	□选做1　□选做2　□选做3			综合作业为选做作业，针对不同学生的特点，不同的学习情况，学生可自主选择一项作业来完成。在规定时间内综合运用知识解决问题。	一层级自评★★ 二层级教师评★★★ 我喜欢完成题目（　）因为： 我觉得题目（　）比较难，因为：
	作业预计时长：5—10分钟				
拓展性作业	小组合作用本课所学知识解决新问题			小组合作完成，准确计算出每个展板放多少幅作品，并讲究审美。发挥创意完成版面布局设计。	三层级伙伴评 ★★★
作业预计总时长：10—15分钟					能量总积分 共（　）颗★

【设计意图】通过模块集成式自选作业分层，力争让每名学生选择适合自己的作业，减少总量、控制时长。

【评价标准】采用积分评价法，通过每一层级内部学生自评打分，并且学生需要在评价栏写出优点和不足，教师再对学生进行二次评价并打分。综合性作业为选做作业，学生可根据自己的学习水平在三道题中任选一题完成，并在评价栏中回答相应问题。拓展性作业，学生要小组合作完成，尝试用所学旧知解决新问题并合理布局版图，团队伙伴根据完成情况打分。

一层级学生自评： 按时完成得1颗★，书写工整得1颗★。

二层级教师评： 做对1题得1颗★。

三层级伙伴互评： 准确解决问题得1颗★，布局美观得1颗★，合作愉快得1颗★。

最后将三层级评价进行累计，计入个人能量总积分。高效利用模块作业，促进学生参与实践。

七、效果评价

板块	预设效果	评价
基础性作业	85%以上的学生在规定时间内能够独立完成、准确作答、书写工整。	学生对商是一位数的笔算除法的算理及计算方法掌握较好，很好地落实了教学目标。
	近15%的学生计算不准确，找不出判断题错误的原因或不能在规定时间内完成相应作业。	学生没有透彻理解算理，商的位置或余数要比除数小的知识点还不够熟练。
综合性作业	80%左右的学生思路清晰、列式正确、计算准确，解题过程完整有条理，并能关注到知识链接的内容进行阅读学习。	熟练掌握商是一位数的笔算除法的计算方法，并能运用所学知识解决实际问题，综合运用知识解决问题的能力得以提高。
	20%左右的学生出现计算不准确或换算错误。	学生对以前学习的旧知有遗忘，综合运用多领域知识解决问题的能力还有待提高。
拓展性作业	学生积极参与，小组合作，用掌握的知识尝试解决新的实际问题，并有审美情趣。	把新知转化成已掌握的旧知来解决，学生深入思考和探究，能力得到提升，有效落实核心素养。

八、结果使用

基础性作业：

预测全对的人数超85%，学生对本节课知识整体把握较好，教学效果明显，有效落实了教学目标。近15%的孩子没有判断正确，说明对此类题的易错题型掌握还不到位。教师在后续的教学过程中要加以改进，可以先集体反馈，引导同学关注除法竖式易错点；继续强化算理，加强巩固商的位置和余数要比除数小的知识点；平时多出相关计算练习，提高学生的计算速度，发展学生的运算能力。

综合性作业：

80%左右的学生思路清晰、列式正确、计算准确，解题过程完整有条理，并能关注到知识链接的内容进行阅读学习。学生解决问题的能力不断提高，初步学会用数学的眼光观察问题，形成初步的应用意识。20%左右的学生出现计算不准确或换算错误，不能灵活运用除法竖式知识或面积旧知识有遗忘。通过学生完成作业的结果可改进教师的教学。首先，教师在讲解时要巩固算理并回顾面积单位之间的换算，先集体反馈再做个别辅导，提高学生解决问题的能力。其次，在今后的教学和作业设计中，多设计些灵活多变的针对性练习、发展性练习、综合性练习，并培养学生良好的学习方法和习惯，如独立思考的习惯、认真审题的习惯、检验的习惯等。

拓展性作业：

预测全班会有超一半的小组能够探索出正确结论，并合理布局版面。另一半没有挑战成功的原因应该是三位数除以整十数时当前两位够除时不清楚应该商在哪一位。教师在后续教学中可先组织集体反馈，交流遇到的困难、探究的过程与收获，展示各小组呈现的作品，引导学生关注布局美观，提高学生的审美情趣。等到后面教学商是两位数的情况时，可以请成功的小组介绍计算方法和策略。追问：为什么2要商到十位？有意识地引导学生理解算理、掌握算法，加强学生运用旧知识解决新问题的能力。

数学五年级下册第三单元试卷命制说明

史　晶

【试题项目名称】数学　五年级下　第三单元《长方体和正方体》单元测试

【命题科目】数学

【命题范围】五年级下册第三单元《长方体和正方体》

【整体命制意图】

本次数学五年级下册第三单元单元测试，以《义务教育数学课程标准（2022年版）》为指导，以教材内容为依据，以核心素养为导向完成命题。整体试卷命题具有应用性、探索性和综合性，关注数学的本质，关注"四基"、"四能"与核心素养，关注立德树人及积极的价值导向培养，实现了对核心素养导向的义务教育数学课程中五年级下册第三单元学习质量的全面考查。

整张试卷题型分布全面，分为填空题、判断题、选择题、计算题、实践操作和解决问题，共六大题型。知识点涵盖整个数学五年级下册第三单元《长方体和正方体》中所学的知识，包括长方体和正方体的特征、体积和容积、常用的度量单位、长方体和正方体的体积和表面积计算等，并且覆盖之前所学的其他知识，注重知识间的关联与区分，关注综合应用。卷首语增加试卷的亲切感，体现人文性。难度设计合理，容易题、中档题、难题比例控制在7：2：1。答题要求明确简洁。

【答题时间】60分钟

【命题说明】

本单元内容属于图形与几何领域。《义务教育数学课程标准（2022年版）》中图形与几何第三学段的学业要求指出：认识长方体、正方体，能说出这些图形的特征，能辨认这些图形的展开图，会计算这些图形的体积和表面积；能用相应公式解决简单的实际问题。能说出体积单位平方米、平方分米、平方厘米，以及容积单位升、毫升，能进行单位换算，能选择合适单位描述实际问题。落实量感、空间观念、几何直观和应用意识等核心素养。

本次命题知识全面、难易适中、容量合理、格式规范、特点突出。整套试卷覆盖课标中本领域、本学段学业要求指出的全部内容，从不同角度考查学生的综合能力。难度结构合理，试题内容所占比例与课标要求大体一致，命题具有科学性。同时做到了基础知识分数考查、重点知识反复考查、难点知识典型考查。卷首语以温和的话语提示学生，体现人文性。试题中多次出现学生生活中常见的事物，如冰箱、粉笔盒、课桌面、饮料包装、保温瓶等，这些都能使学生感受到数学就在身边，体现生活化。解决问题中的阅读链接是对学生的阅读培养，以一个博物馆情境串联解决问题的3道小题，情境真实，问题有意义，体现应用性。填空题第7、9、10小题，选择题第2小题，解决问题等题目都是一题覆盖多个知识点，具有探索性和综合性。

综合考查"四基"、"四能"与核心素养。基础题型关注到学生的基础知识、基本技能、基本思想和基本活动经验的考查。试卷中除量性化的试题外还有对学生质性化的考核，如第六大题解决问题的第3小题，这是一道开放题型，学生根据现有数学信息进行筛选和整合，考查学生发现问题、提出问题、分析问题和解决问题的能力。整套试题落实了多种核心素养。比如：填空题的第1、2、5、6小题，判断题的第5小题，选择题的第3、4小题还有实践操作都考查了空间观念的落实情况。判断题第1小题、选择题第2小题和实践操作等都考查了几何直观的落实情况。填空题的第4、8小题，判断题的第3小题等都考查了量感的落实情况。填空题的第7、9小题，选择题的第1小题还有解决问题都考查了应用意识的落实情况。填空题的第7、9小题，计算题和解决问题都考查了运算能力的落实情况。填空题的第10小题、计算题等考查了模型意识的落实情况。判断题的第4小题，选择题的第1、5小题等都考查了推理意识的落实情况。解决问题考查了创新意识的落实情况。解决问题融入博物馆的情境，通过阅读链接展现中国的辉煌文化，增强了学生的民族自豪感，落实了国家认同的核心素养。

【命制试题】

数学 五年级下 第三单元《长方体和正方体》单元测试

（总分：100分）

题号	一	二	三	四	五	六	等级
得分							

卷首语： 下面的试题会让你对本单元的学习有一个全面的把握，认真审题，仔细思考，工整书写，你就会有杰出的表现。加油！

一、填空题

1.长方体的每个面都是（　　　）或有一组对面是（　　　），它有（　　　）条棱，相互平行的（　　　）条棱长度都相等。

2.在一个长方体中，相交于同一顶点的三条棱的长度分别叫作长方体的（　　　）、（　　　）、（　　　）。

3.在（　　　）里填上适当的单位。

冰柜的容积是300（　　　）　　　　一个粉笔盒的体积约是1（　　　）

课桌面的面积大约是 40（　　　）　　一瓶饮料的体积是350（　　　）

4. $2.7dm^3 =$（　　　）$m^3 =$（　　　）cm^3

$90000cm^3 =$（　　　）$dm^3 =$（　　　）L

$6400cm^2 =$（　　　）$dm^2 =$（　　　）m^2

$0.05m^3 =$（　　　）L＝（　　　）mL

5.一个长方体有（　　　）个面、（　　　）条棱、（　　　）个顶点。

6.正方体是长、宽、高都（　　　）的长方体，是由6个完全相同的（　　　）围成的立体图形，所有的棱长度（　　　）。

7.一个正方体的表面积是 $54m^2$ ，它每个面的面积是（　　　）m^2，这个正方体的棱长总和是（　　　）m，体积是（　　　）m^3。

8.1桶4L的矿泉水相当于（　　　）瓶500mL的矿泉水。

9.用木条做一个长方体框架，同一顶点上的三根木条长分别为10cm、12cm和13cm，则一共用了（　　　）cm的木条。

10.一个长方体高为am，长和宽都是bm。用含有字母的式子表示这个长方体的体积是（　　　　）m³。当a=1.8，b=0.65时，这是生活中常用的一种家用电器，我能猜出它是（　　　　）。

二、判断题

1.正方体6个面都是正方形，长方体6个面都是长方形。　　　　　　（　　　）

2.体积单位之间的进率是1000。　　　　　　　　　　　　　　　　（　　　）

3.一个瓶子装满水时能装1L的水，我们就说这个瓶子的容积是1L。

（　　　）

4.一个长方体正好能切成两个完全一样的正方体，那么，一个新正方体的表面积乘2等于原长方体的表面积。　　　　　　　　　　　　（　　　）

5.表面积相等的两个正方体，体积一定相等。　　　　　　　　　　（　　　）

6.棱长为6cm的正方体，表面积和体积相等。　　　　　　　　　　（　　　）

三、选择题

1.一个棱长总和是72cm的长方体，它的一组长、宽、高共长（　　　　）cm。

A．12　　　　　　B．18　　　　　　C．36　　　　　　D．72

2.（如右图）比较甲乙两个立体图形，甲的体积（　　　）乙的体积，甲的表面积（　　　）乙的表面积。

A．大于　　　　　B．小于

C．等于　　　　　D．无法判断

3.下面（　　　）图形可以折成一个正方体。

A　　　　　B　　　　　C　　　　　D

4.一个保温瓶的容积大约为1.5L，那么这个保温瓶的体积（　　　　）。

A．大于1.5立方分米　　　　　　B．小于1.5立方分米

C．等于1.5立方分米　　　　D．无法判断

5.正方体的棱长扩大到原来的3倍，表面积扩大到原来的（　　　　）倍。

A．3　　　　　B．6　　　　C．9　　　　D．27

四、计算立体图形的表面积与体积

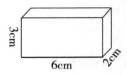

五、实践操作

下图是用棱长1cm的小正方体拼成的长方体。右面的图形哪一个是这个长方体6个面中的一个？请圈出来，并注明有几个这样的面。

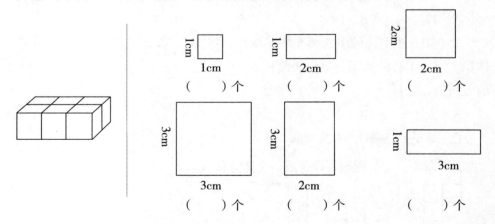

六、解决问题

阅读链接：中国国家博物馆是代表国家收藏、研究、展示中华优秀传统文化、革命文化和社会主义先进文化代表性物证的最高机构，是国家最高历史文化艺术殿堂。现馆藏数量140余万件，涵盖古代文物、近现代文物、图书古籍善本、艺术品等多种门类，在弘扬社会主义核心价值观、增强文化自信、促进中外文明交流互鉴、建设社会主义文化强国方面发挥了重要作用，做出了重大贡献。

保护文物 人人有责

1. 为迎接国庆，国家博物馆打算进行一些装饰改造。他们定制了一批棱长为80cm的正方体无底玻璃罩，请计算制作一个玻璃罩要使用多少平方米的玻璃？

2. 展厅里要用铁皮制作一个横截面为长方形的通风管，横截面的周长为30cm，通风管的长度为1.5m，制作这个通风管需要用多少平方分米的铁皮？

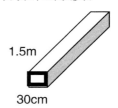

1.5m

30cm

3.展厅的墙面上要挖一个长5m、高1m、深0.5m的橱窗（如图）。橱窗内部上、下、左、右及背板全用灰色壁纸做修饰。橱窗玻璃厚2cm，每立方分米质量为2.5kg。请你利用这些数学信息，尝试提出易、中、难三个不同难度的数学问题，并列式解决。

（易）＿＿＿＿＿＿＿＿＿＿＿＿＿＿＿＿＿＿＿＿＿＿？

（中）＿＿＿＿＿＿＿＿＿＿＿＿＿＿＿＿＿＿＿＿＿＿？

（难）＿＿＿＿＿＿＿＿＿＿＿＿＿＿＿＿＿＿＿＿＿＿？

答案及知识能力点值

一、填空题（每空1分，共32分）

1.长方形，正方形，12，4   2.长，宽，高   3.L，dm³，dm²，mL

4.0.0027，2700，90，90，64，0.64，50，50000   5.6，12，8

6.相等，正方形，相等   7.9，36，27   8.8   9.140

10.abb，冰箱

二、判断题（每题2分，共12分）

1.×   2.×   3.√   4.×   5.√   6.×

三、选择题（每空2分，共12分）

1.C   2.C，B   3.A   4.A   5.C

四、计算（每问3分，共12分）

S=（ab+ah+bh）×2   S=6a²

 =（6×2+6×3+2×3）×2   =6×（4×4）

=36×2   =6×16

=72（cm²）   =96（cm²）

V=abh   V=a³

=6×2×3   =4×4×4

=36（cm³）   =64（cm³）

五、实践操作（圈对1图得1分，填对1空得1分，共6分）

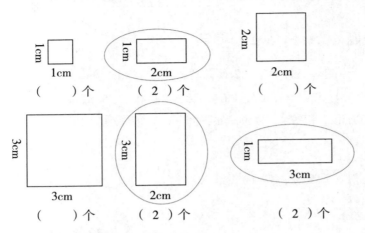

1cm
1cm
（　　　）个

1cm
2cm
（ 2 ）个

2cm
2cm
（　　　）个

3cm
3cm
（　　　）个

3cm
2cm
（ 2 ）个

1cm
3cm
（ 2 ）个

六、解决问题（共26分）

1.（列式2分，计算1分，换算1分，共4分）

$80 \times 80 \times 5 = 32000$（$cm^2$）$= 3.2$（$m^2$）

2.（列式2分，计算1分，换算1分，共4分）

30厘米=3分米，1.5米=15分米，$15 \times 3 = 45$（dm^2）

3.（每小问6分，其中提问2分，列式2分，计算2分。本题3个问题，共18分）

第一小问：橱窗的体积是多少？

$5 \times 1 \times 0.5 = 2.5$（$m^3$）

第二小问：需要多少平方米的壁纸做装饰？

（$5 \times 0.5 + 1 \times 0.5$）$\times 2 + 5 \times 1 = 11$（$m^2$）

第三小问：橱窗玻璃重多少千克？

2cm=0.2dm　　5m=50dm　　1m=10dm

$50 \times 0.2 \times 10 = 100$（$dm^3$）　　$100 \times 2.5 = 250$（kg）

【评价结果认定】

知识能力点值	100	85—99	70—84	60—69	60以下
等级	出色	优秀	良好	合格	不合格

试卷多维细目表

大题号	小题号	考查点	能力层级 了解	能力层级 理解	能力层级 掌握	能力层级 运用	素养维度	试题难度 易	试题难度 中	试题难度 难	知识能力点值
填空题	1	长方体特征	√				空间观念	√			4
	2	长方体特征	√				空间观念	√			3
	3	体积（容积）单位		√			量感	√			4
	4	单位换算	√				运算能力 符号意识	√			8
	5	长方体特征	√				空间观念	√			3
	6	正方体特征	√				空间观念	√			3
	7	正方体表面积、体积			√		运算能力		√		3
	8	单位换算			√		量感	√			1
	9	长方体棱的特点				√	运算能力		√		1
	10	长方体体积				√	模型意识 空间观念	√			2
判断题	1	长方体正方体特征	√				几何直观	√			2
	2	单位换算	√				量感	√			2
	3	容积		√			量感	√			2
	4	表面积			√		推理意识		√		2
	5	正方体表面积体积			√		空间观念	√			2
	6	正方体表面积体积		√			量感			√	2

大题号	小题号	考查点	能力层级				素养维度	试题难度			知识能力点值
			了解	理解	掌握	运用		易	中	难	
选择题	1	长方体特征			√		推理意识	√			2
	2	不规则图形体积表面积				√	空间观念 几何直观		√		4
	3	正方体				√	空间观念	√			2
	4	容积和体积的关系		√			空间观念量感	√			2
	5	正方体棱长和表面积的关系				√	推理意识			√	2
计算题	1	长方体正方体表面积和体积的计算			√		运算能力 模型意识	√			12
实验操作	1	长方体的特征			√		空间观念 几何直观	√			6
解决问题	1	正方体表面积				√	应用意识	√			4
	2	长方形侧面积				√	应用意识 创新意识		√		4
	3（1）	长方体体积				√	应用意识 模型意识	√			6
	3（2）	长方体表面积				√	创新意识 运算能力		√		6
	3（3）	长方体质量				√	应用意识 创新意识			√	6

《循环小数》作业设计

许会益

作业主题：《循环小数》出自数学五年级上册第三单元。

一、教学目标

1. 认识循环小数、循环节、有限小数、无限小数，能正确区分有限小数和无限小数。掌握循环小数的概念及简便记法，能用循环小数表示除法算式的商。

2. 探索发现循环小数，经历循环小数产生的过程。体会循环小数的含义。培养观察、分析、判断、抽象概括的能力。

3. 感受学习数学的乐趣，激发探究欲望及学习数学的兴趣，在小数分类的教学中初步渗透集合思想。

二、学情分析

五年级学生开始进入少年期，心理逐渐成熟，思维能力迅速发展，有了自己的独立思维。同时，五年级的学生已经具备自主探究和小组合作的能力，积累了一定的生活经验。在此之前，学生学习了整数四则运算，除数是整数的小数除法等知识，为本节课学习打下基础。

三、教材分析

本单元内容隶属于数与代数领域中的"数与运算"这一主题，循环小数是学生在学习了除数是整数的除法和一个数除以小数及商的近似数的基础上来教学的。循环小数是对小数除法的深层次研究，本节课的学习使小数概念的内涵从有限小数扩展到无限小数，进一步构建了完善的小数知识体系，为后续学习无限循环小数和无限不循环小数等知识打下了基础。

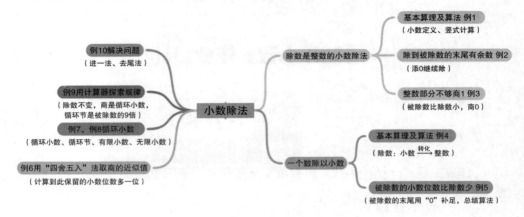

四、教学分析

教学中通过创设情景，使生活现象折射出数学现象，激发学生主动探究知识的欲望，并为学生学习新知识做好铺垫。同时，以学生主动探究问题为主旋律，让学生在计算中尝试认识循环小数，通过观察、讨论、分析、比较等学习方式，充分调动学生多种感官的参与，给学生提供自主合作、探究的空间，使学生真正体验到探究的乐趣和学数学的价值。最后，再通过练习进一步巩固本节课所学知识。

课堂学习后，绝大部分同学能够较好地理解循环小数的意义、掌握本节课所学知识、灵活运用知识解决问题。但由于学生刚刚接触循环小数的相关知识，个别学生理解得还不是很透彻。所以，需要通过作业进一步巩固知识，让学生真正理解循环小数的概念，提升计算速度，提高计算正确率，发展学生的运算能力，达到熟能生巧、学以致用的目的。

五、作业全文及作业设计意图

《循环小数》飞行棋作业设计

规则说明：

1.掷骰子或抽取1—6的卡片,骰子点数或卡片点数是几点就走几步。

2.走到哪个格子里,就按照格子中的要求去做。有奖励的、惩罚的,还有完成作业任务的。

3.反复掷骰子或抽取1—6的卡片,直至走到终点,走到终点时即闯关成功。

注意：如果走到相同作业任务的格子,作业不用重复完成。

⫶⫶⫶ 基础性作业 ⫶⫶⫶

1.一个数的（   ）部分,从某一位起,一个数字或几个数字（   ）不断（   ）出现,这样的小数叫作循环小数。

2.在0.32323232、5.2325、4.99…、0.81、3.14159…、0.314726这些数中,

有限小数有（   ）。

无限小数有（   ）。

循环小数有（   ）。

3.判一判。

（1）循环小数一定都是无限小数。 （ ）

（2）循环小数7.367676767…的简单记法是7.367。 （ ）

4.苏炳添是我国短跑运动员，2021年东京奥运会上，他创造了男子百米亚洲纪录，成绩是9.83秒，并带领中国队取得4×100米接力赛铜牌的好成绩。

一只成年猎豹跑100米只用3.3秒，请你求出苏炳添跑100米所用时间是猎豹的多少倍？

5.国庆十一黄金周，很多家长都在网站进行了优惠采购，多数的邮件都是通过货车来运输的。某个快递公司开展了货车节油竞赛，李师傅11天节约用油45升；王师傅13天节约用油53升。谁平均每天节约的油多？多多少升？（得数保留两位小数）

综合性作业

6.国庆节到了，青青一家准备去外地游玩。青青家住武汉，想坐轮船到上海需要航行多少小时？

	重庆—宜昌	宜昌—武汉	武汉—南京	南京—上海
航程/km	652	626	760	392

我平均每小时航行约50.5千米

7.游玩结束后，青青一家想坐磁悬浮列车去机场。

你知道吗？近些年我国的列车速度发生了翻天覆地的变化。1912年，火车的速度仅为每小时30千米。现在复兴号高铁的行驶速度可达到每小时350千米，磁悬浮列车最快可达到每小时600千米。

如果复兴号高铁每小时行驶350千米，磁悬浮列车每小时行驶550千米，那么复兴号高铁和磁悬浮列车每分钟分别可以行驶多少千米？

||| **实践性作业** |||

8.难忘的十一黄金周结束了，相信同学们都度过了愉快的一周。小豪经过一周的锻炼，身高和体重也发生了一些细微的变化（如右图）。你知道吗，人的体重与血液质量、骨头质量，身高与脚长也有着密切的联系（如左图）。

人的体重约是血液质量的13倍，约是骨头质量的5倍，身高约是脚长的7倍。

小豪

我身高149厘米，体重42.3千克。

（1）小豪的血液质量、骨头质量分别约是多少？（填入下表）

（2）请你也测量一下自己或伙伴、家人的体重，并求出血液质量、骨头质量填入下表。

姓名	项目			
	体重/kg	身高/cm	血液质量/kg	骨头质量/kg
小豪				

作业整体设计意图：本次作业设计以课程标准为蓝图，以单元为载体，以课时目标为依托，设计了以"畅玩飞行棋"为主题的分层作业，并将基础作业（70%）、综合作业（20%）、实践作业（10%）融入其中。不同颜色的方格，代表着不同类型的作业。由于对格子进行了特殊的设计，无论学生每次掷出或抽中卡片的点数是几（1—6），只要他顺利通关，到达终点，都能完成70%左右的作业内容。（至少完成3道基础作业、1道综合作业、1道实践作业）。这样设计既激发了学生完成作业的兴趣，又做到了分层练习，也达到了巩固知识、监测评价的作用，一举多得。 预估作业用时28分钟，其中基础作业10分钟、综合作业5分钟、实践作业8分钟（收集数据不计入其中），通关飞行棋5分钟。

习题设计意图：

基础性作业	
作业全文	设计意图
1.一个数的（ ）部分，从某一位起，一个数字或几个数字（ ）不断（ ）出现，这样的小数叫作循环小数。	本题以填空的形式出现，帮助学生巩固循环小数概念，检验教学目标的达成情况。
2.在0.32323232、5.2325、4.99…、0.81、3.14159…、0.314726这些数中， 有限小数有（ ）。 无限小数有（ ）。 循环小数有（ ）。	通过给不同的小数进行分类，加强对概念的理解，检验教学目标。

基础性作业	
作业全文	设计意图
3.判一判。 （1）循环小数一定都是无限小数。（　　） （2）循环小数7.367676767…的简单记法是 7.367。（　　）	第一小题考查学生对循环小数与无限小数的关系的理解，能够帮助学生正确地进行区分。 第二题考查学生对循环小数简便写法的掌握情况。
4.苏炳添是我国短跑运动员，2021年东京奥运会上，他创造了男子百米亚洲纪录，成绩是9.83秒，并带领中国队取得4×100米接力赛铜牌的好成绩。 　　一只成年猎豹跑100米只用3.3秒，请你求出苏炳添跑100米所用时间是猎豹的多少倍？	此题在苏炳添的简介中渗透相关的解题数据，可以在培养学生热爱体育运动的同时，检验学生提取信息及循环小数的计算能力。引导学生将所学知识用于实际生活，巩固商是循环小数的计算方法。
5.国庆十一黄金周，很多家长都在网站进行了优惠采购，多数的邮件都是通过货车来运输的。某个快递公司开展了货车节油竞赛，李师傅11天节约用油45升；王师傅13天节约用油53升。谁平均每天节约的油多？多多少升？（得数保留两位小数）	以"节油大赛"为情境，激发学生们节能减排、热爱我们的家园的环保意识。同时帮助学生巩固循环小数的意义和求近似数的方法。在多步骤解题中，也锻炼了学生计算的准确性和审题的认真度。

综合性作业	
作业全文	设计意图

6.国庆节到了，青青一家准备去外地游玩。青青家住武汉，想坐轮船到上海需要航行多少小时？

	重庆—宜昌	宜昌—武汉	武汉—南京	南京—上海
航程/km	652	626	760	392

我平均每小时航行约50.5千米

7.游玩结束后，青青一家想坐磁悬浮列车去机场。

你知道吗？

近些年我国的列车速度发生了翻天覆地的变化。1912年，火车的速度仅为每小时30千米。现在复兴号高铁的行驶速度可达到每小时350千米，磁悬浮列车最快可达到每小时600千米。

如果复兴号高铁每小时行驶350千米，磁悬浮列车每小时行驶550千米，那么复兴号高铁和磁悬浮列车每分钟分别可以行驶多少千米？

以十一假期出行为情境，贴近学生生活，巩固循环小数的知识。第7题顺势引出我国的列车速度发生了翻天覆地的变化，历史与实际相融合。这题中，学生在遨游历史中增长见识，在阅读中提高阅读速度，在解题中选取关键语句，同时可以感受到国家的变化和强大，培养了学生的爱国情怀，发展了学生的核心素养。不同交通工具的出现也可以帮助同学们理解，根据路程、时间等因素，我们可以选择不同的交通工具出行。

实践性作业	
作业全文	设计意图

8.难忘的十一黄金周结束了，相信同学们都度过了愉快的一周。小豪经过一周的锻炼，身高和体重也发生了一些细微的变化（如右图）。你知道吗，人的体重与血液质量、骨头质量，身高与脚长也有着密切的联系（如左图）。

人的体重约是血液质量的13倍，约是骨头质量的5倍，身高约是脚长的7倍。

我身高149厘米，体重42.3千克。

小豪

（1）小豪的血液质量、骨头质量分别约是多少？（填入下表）

（2）请你也测量一下自己或伙伴、家人的体重，并求出血液质量、骨头质量填入下表。

姓名	项目			
	体重/kg	身高/cm	血液质量/kg	骨头质量/kg
小豪				

【设计意图】将本节课所学知识与统计表和科学知识相融合，激发学生的求知欲望，使他们更加了解自己的身体。学生在多次的计算中，不仅满足了好奇心，而且巩固了循环小数的意义，培养了计算的准确性。同时也培养了学生收集数据、整理数据的能力，做到了在实践中探究，在探究中收获。

六、完成标准

板块	完成标准
基础作业	能够独立、按要求完成作业，书写认真、规范，试卷整洁美观。列式正确、计算准确、思路清晰。
综合作业	能够正确进行列式计算，步骤详细、思路清晰。能够用数学的语言描述解题步骤。
实践作业	用合适的方法向他人获取或测量身高、体重信息，能够进行数据的收集、整理。根据要求进行准确的计算，并填入所对应的表格。

七、效果评价

板块	预设效果	效果评价
基础作业	优点：85%的同学能够准确地完成练习，书写工整、计算准确。	学生对循环小数的概念掌握较好，能够正确区分有限小数、循环小数、无限小数，能够准确计算。
基础作业	不足：10%的学生出现错误，其中包括计算不准、循环节找错等。5%的学生概念理解不透彻。	关于小数除法的计算不够熟练，导致结果是循环小数的计算不够准确。对循环小数的理解不够。
综合作业	优点：80%的同学能够读懂题意，解题思路清晰、列式正确、计算正确。	能够运用所学知识解决实际问题，从题中提取有效的数学信息。步骤完整、计算准确，完成了本节课的学习目标。
综合作业	不足：10%学生题意理解不正确，没找出有效信息、列式不准确。10%的学生结果书写不正确。	对题意的理解不够，没能删减出题中的多余信息，计算不够准确，约等号运用不正确。
实践作业	优点：95%的同学能够积极参与调查，并能按要求填写表格，计算准确。	运用所学知识进行信息的收集、整理。揭示生活中的一些科普知识，拓展知识视野。
实践作业	不足：5%的同学在计算过程中出现错误或数据填写位置出错。	知识的综合应用能力待提升，不能将所学的知识灵活地运用。

八、结果使用

板块	预设效果	结果使用
基础作业	优点：85%的同学能够准确地完成练习，书写工整、计算准确。	通过学习，学生本节课的知识点掌握较好，通过自主探究、小组合作等有效的教学活动突破了教学重难点，落实了教学目标。理解循环小数、有限小数、无限小数之间的关系。能够用循环小数表示除法算式的商。
基础作业	不足：10%的学生出现了不同的错误，其中包括计算不准、循环节找错等。5%的学生概念理解不透彻。	概念教学时相对枯燥，个别学生听课不认真，对概念理解不透彻，导致基础练习1中学生对"依次不断重复出现"这几个关键词有所遗漏。 改进：以后的概念教学中，应注意激发学生兴趣，关注后进生听课状态。
综合作业	优点：80%的同学能够读懂题意，解题思路清晰、列式正确、计算正确。	通过本节课的学习，大部分学生能用循环小数知识解决实际问题。能够提出、分析、解决问题，感受循环小数在生活中的应用，思维能力和计算能力得到训练。综合作业第6题正确率较高，日后可以减少此类练习，适当提升难度。
综合作业	不足：10%的学生题意理解不正确，没能根据问题，找出有效信息、列式不准确。10%的学生结果书写不规范。	通过综合作业可以看出个别学生找较复杂的循环小数的循环节时容易出现错误。例如，综合题6的结果是22.81188118……循环节是8118，而学生却没有认真观察，误认为循环节是1188，导致错误。 改进：此部分教学应适当调整，先引导学生观察、交流再总结经验、加深理解。今后应对这种易错题多加练习。

板块	预设效果	结果使用
实践作业	优点：95%的同学能够积极参与调查，准确收集数据，并能按要求填写表格，计算准确。	学生的实践能力得到提升，收集、整理数据的能力得到增强，沟通能力得到训练。感受到生活中的循环现象，进一步理解循环小数的意义。能用数学的眼睛观察、思考现实世界，感受数学的应用意识。
	不足：5%的同学能够积极参与调查，准确收集数据。但是在计算过程中出现错误或数据使用错误。	练习反馈，学生自主收集的数据在计算的时候有一定的难度，当循环小数循环节数字较多时，学生计算容易出现错误。 改进：以后的计算练习也应该适当提升难度，培养运算能力。

数学四年级上册数与运算试卷命制说明

许会益

【试题项目名称】

数学四年级上册"数与运算"试卷

【命题科目】数学

【命题范围】

四年级上册第一单元《大数的认识》、第四单元《三位数乘两位数》、第六单元《除数是两位数的除法》。

【整体命制意图】

《义务教育数学课程标准（2022年版）》中明确了学业质量的内涵，对学业质量进行了详细的描述。因此，我在小学数学四年级上册"数与运算"的命题设计中，以课程标准为蓝图，依据课程标准规定的课程目标、内容要求、学业要求来命题。具体来说，试卷以教材为载体，结合学生年龄特点，以培养学生良好的数学能力为出发点，设计了关注数学本质、关注"四基""四能"，以核心素养为导向的试题，全面考查四年级学生对教材中"数的认识及运算"相关知识的掌握情况，关注培养学生的数学核心素养，使学生形成正确的情感、态度、价值观。

本套试卷内容丰富、考查全面，内容力求体现基础性、全面性和灵活性的命题原则。另外，从生活实际出发，考查所学知识的同时渗透人文、地理、科普、传统文化等相关知识，这样的设计不但扩展了学生的视野，又达到了巩固知识、监测评价的作用，一举多得。

本套试卷摒弃了以往的"计算""填空"等传统命名，共分为六大板块：细心的你，算一算；认真审题，填一填；反复思考，选一选；仔细推敲，判一判；聪明的你，答一答；动动脑筋，想一想。它们在提出测试要求的同时也是一种测试指导。试卷考查内容难易程度适中，由易到难按照7∶2∶1的比例设计，试题以基础知识为主，注重学生的读题能力，培养学生细心审题的能力，可以帮助他们养成良好的学习习惯。

【答题时间】70分钟

【命制试题及命题说明】

试卷内容	命题说明
卷首语及相关内容。 **数学四年级上册数与运算试卷** （考试时间：70分钟） | 题号	一	二	三	四	五	六	总点数	等级 | | 点数 | | | | | | | | | 亲爱的同学们，本学期数的认识及数的运算相关知识已经学完了，今天就来检验一下你的学习成果吧！认真审题、反复思考、细心检查，相信你能行，相信你最棒，给自己一份鼓励，加油！祝你取得优异的成绩。	试卷的题头设计了此次测试的具体内容、考试时间、每道大题获得的点数、总点数及等级情况。试卷的左侧栏及中间设计了学校、班级、姓名、学号、座位号等学生信息。 等级栏下面设计了卷首语。语言亲切，温馨地提示同学们认真审题、仔细推敲。暖心的语言可以消除同学们测试紧张的心理，预祝同学们取得优异的成绩，同时给予了学生极大的鼓舞。
一、细心的你，算一算 1.直接写得数。 $34 × 20=$　　$96 ÷ 16=$　　$340 × 60=$ $360 ÷ 60=$　　$640 ÷ 78≈$　　$810 ÷ 90=$ $150 × 40=$　　$250 ÷ 25=$　　$200 × 26=$ $560 ÷ 82≈$ 2.竖式计算，带※的题需要验算。 $368 × 45=$　　$246 × 78=$　　$706 × 24=$ $540 × 60=$　　$384 ÷ 32=$　　$912 ÷ 38=$ $680 ÷ 20=$　　※$430 ÷ 85=$	计算是本学期教学的重要内容，计算能力是培养学生核心素养的基本要求。因此，试卷第一板块以计算为主，其中测试内容从口算、估算、竖式计算（包含验算）三种方式考查了学生的三位数乘两位数（包含了乘数中间有0、末尾有0的乘法）及除数是两位数除法的相关知识。同时考查了学生的计算准确性和计算方法，加强口算，重视估算、竖式计算，提高基本技能。最后通过验算进一步感受乘、除法之间的关系。

试卷内容	命题说明
二、认真审题，填一填 1.我们的家乡黑龙江位于我国的东北部，这里物产丰富、地大物博，是我国重要的粮食主产区之一。根据第七次全国人口普查结果，黑龙江省的人口约为31850000人。分区域看，东北地区的人口约为五亿六千三百七十二万人。 （1）31850000读作（　　　　），改写成用"万"为单位的数是（　　　　）。 （2）五亿六千三百七十二万是一个（　　　　）位数，最高位是（　　　　）位，写作（　　　　），省略亿后面的位数约是（　　　　）亿。 2.哈尔滨是中国东北地区中心城市之一，是东北北部交通、政治、经济、文化、金融中心，也是中国省辖市中陆地管辖面积最大的城市，被誉为欧亚大陆桥的明珠，是中国历史文化名城、热点旅游城市和国际冰雪文化名城。 2021年年末哈尔滨的常住人口约为989万人。约等于989万的最大数是（　　　　），最小数是（　　　　）。 3.东北三省土壤肥沃、资源丰富，是我国重要的粮仓。目前，东北三省生产的粮食已经占据全国的五分之一。下表是2021年东北某商品粮基地粮食产量统计情况表。	通过具体实例，学生体会到数学与生活的密切联系，认识到学习数学的必要性，培养了学生用数学的眼光观察现实世界。 1—3题介绍了以黑龙江省为主的东北地区的特点及风土人情，渗透了地理、文化等相关知识，使学生更加热爱我们的家乡、热爱我们的祖国。三道题知识内容覆盖全面，包含了大数的读作、写作、数的组成、改写等知识，渗透学生核心素养的同时落实了数学核心素养，对第一单元《大数的认识》相关知识进行了测评。

品种	产量/吨
玉米	20439000
水稻	3582048
小麦	2043900
大豆	4612003
高粱	9008430

（1）产量最高的粮食是（　　　　）。

（2）请将这几种粮食的产量按从大到小的顺序排列。

（　　　　）＞（　　　　）＞（　　　　）＞（　　　　）＞（　　　　）

试卷内容	命题说明
4.猎豹是世界上跑得最快的动物，每小时可以跑110千米。 它的速度可以记作（　　），如果猎豹以这样的速度奔跑12小时，跑过的路程是（　　）千米。 5.“滴水凑成河，粒米凑成箩；文明用餐，俭省惜福。”如果每人每天约节约粮食125克，那么一个五口之家一个月（按30天计算）共可以节约（　　）克粮食。 6.括号里最大能填几？ 56（　　）000≈56万　19（　　）0000000≈20亿 （　　）×40<241　　（　　）×51<350 （　　）90×（　　）<730	4—5题以科普知识和节约用水为载体，考查了"速度"的写法及乘法计算能力。 6题前两道小题检验的是用"四舍五入"法求近似数的能力，后三道小题是除法的变式训练，提升学生的计算能力及感受乘、除法之间的关系。
三、反复思考，选一选 1.郑板桥在《咏雪》中写道："一片两片三四片，五六七八九十片。千片万片无数片，飞入梅花总不见。"以上文字中，共提到了（　　）个计数单位。 A.3　　B.4　　C.5　　D.6 2.阳光小学组织826名师生去参观辛亥革命博物馆，如果每辆车最多坐45人，那么至少要租（　　）辆车。 A.17　　B.18　　C.19　　D.20 3.我国公安部交管局下发通知：从2020年6月1日起，在全国范围内开展"一盔一带"安全守护行动。看到这个通知后，爸爸带了190元去商场购买头盔，每个头盔80元。你认为下面说法正确的是（　　）。 A.最多能买20个　　　　B.还剩3元钱 C.能买2个，还剩30元钱 D.能买20个，还剩30元钱	本板块共设计了5道习题。从计数单位的理解、除法计算的算理理解、三位数乘两位数估算等基础知识的掌握情况进行了考查。 1题以郑板桥的诗为情境，从文字"一片""十片""千片""万片"等词语中，提取出计数单位"个""十""千""万"，从而找出诗句中包含计数单位的数量。 2、3题结合不同的情境，感受余数的含义。 第3题，通过余数进一步体会除数是两位数除法的算理。

试卷内容	命题说明
4.三位数乘两位数,积是( )。 A.三位数 B.四位数 C.五位数 D.四位数或五位数 5.下面的式子中,得数大于40000的是( )。 A.648×59 B.432×98 C.499×80 D.543×72	4、5题是对积的位数和积的估算方面知识的检测。
四、仔细推敲,判一判 1.最小的自然数是1,没有最大的自然数。( ) 2.个、十、百、千、万、十万、百万……都是数位。( ) 3.两位数乘三位数,其中的一个因数中间有0,积的中间也一定有0。( ) 4.420×45,如果第二个因数增加2,那么积增加840。( ) 5.三位数除以两位数,商一定是两位数。( )	本板块共设计了5道习题。 1、2题考查了《大数的认识》相关知识,第1题是对自然数的理解,第2题是学生易混淆的数位和计数单位的知识。 3—5题考查的是学生对因数和积之间关系的相关检测。
五、聪明的你,答一答 1.2022年的北京冬奥会各项安排高效有序,让运动员舒适暖心,令各方印象深刻。冬奥会的成功举办,给全世界人民留下了深刻的印象,北京成为世界上首座"双奥之城"。"冰墩墩"是冬奥会的吉祥物,深受大家的喜爱,某玩具店购进了367个"冰墩墩"徽章。 (1)现在按原价28元一个,卖出了321个,一共卖了多少钱?	此板块结合不同的情境,培养学生的辨别能力及思考问题的逻辑能力和实际应用能力。 第1题首先向同学们介绍了2022年北京冬奥会的相关知识,培养了学生的爱国情怀,渗透了学生的核心素养,并以"冰墩墩"的徽章和公仔的销售和制作情况为依托,设计了不同层次的习题。 (1)题为一步计算的三位数乘两位数相关的计算。(2)(3)题为先算减法、再算除法的两步计算试题,考查学生综合运用和准确提取信息的能力。

试卷内容	命题说明
（2）剩下的"冰墩墩"徽章共卖了966元，剩下的"冰墩墩"一个卖多少元？ （3）某玩具厂要制作832个"冰墩墩"公仔，已经做了15小时，还剩352个未完成，该玩具厂平均每小时制作多少个"冰墩墩"？ 2.原创文化类电视节目《中国诗词大会》带领人们重温经典诗词，感受传统文化的魅力，相信同学们都很喜欢看。与节目同步出版的书籍《中国诗词大会》也深受广大师生的喜欢。 一班的许老师花288元买了12本书，那么二班的王老师买36本同样的书需要花多少钱？ 3.中国结是中国特有的民间手工艺品，它具有独特的东方神韵，其丰富多彩的变化体现了中国人民的智慧。新华小学手工社团准备为敬老院爷爷、奶奶做一些手工：①手工社团有156人；②每人做一个中国结；③现有红彩带2976米；④做一个中号中国结需24米红彩带；⑤做一个大号的比中号的多用7米红彩带。 （1）如果每人制作一个中号中国结，还需要购买多少米的红彩带？ （2）请你根据上面的信息提出一个数学问题并解答。	第2题向同学们介绍了中央电视台文化类电视节目《中国诗词大会》，意在向学生渗透喜爱我国的诗词文化，感受到祖国的文化底蕴的观念。此题考查了学生对除数是两位数的除法和三位数乘两位数这部分知识的掌握情况。 第3题向同学们介绍了我国特有的传统民间手工艺品"中国结"，使学生感受到了中国人民的智慧及传统文化的博大精深，培养了学生的自豪感和荣誉感。此题信息较多，在解决问题的同时培养了学生删选信息的能力、逻辑思维的能力。（2）题以开放的形式，让学生根据已有的条件提出自己喜欢的问题并解答。培养了学生发现问题、提出问题、分析问题、解决问题的能力，落实了数学核心素养。

试卷内容	命题说明
六、动动脑筋，想一想 亲爱的同学们，我们家的门新换了一把密码锁，我问爸爸门锁的密码是多少，爸爸说：这个数在60万和70万之间，并且万位上的数字是"8"，十位上的数字比十万位上的数字小3，其余3个数位上的数是两个"5"和一个"0"，并且读数时不读零。亲爱的同学们，你们知道这个门的密码是多少吗？你们能帮帮我吗？	此题结合现实的生活，以爸爸口述的信息为线索，创设帮助同学找出密码的情景。意在考查"数的组成"相关知识，培养学生思考问题的逻辑能力和推理意识，帮助学生用数学的思维思考现实世界。
卷尾语及自我评价。 亲爱的同学们，此次测试就要结束了，请你们再次认真地检查试卷，争取取得优异的成绩。相信此时的你已经信心满满，快给此次的测试做一个自我评价吧！	与卷首语首尾呼应，提醒学生仔细检查，并对此次测试的成绩进行预估，完成自我评价，初步形成学生的自我评价及反思的能力。

【命制试题】

数学四年级上册数与运算试卷

（考试时间：70分钟）

题号	一	二	三	四	五	六	总点数	等级
点数								

亲爱的同学们，本学期数与运算相关知识已经学完了，今天就来检验一下你的学习成果吧！认真审题、反复思考、细心检查，相信你能行，相信你最棒，给自己一份鼓励，加油！祝你取得优异的成绩。

一、细心的你，算一算（35点）

1.直接写得数。

34 × 20=　　　　96 ÷ 16=　　　　340 × 60=　　　　360 ÷ 60=　　　　640 ÷ 78≈

810 ÷ 90=　　　　150 × 40=　　　　250 ÷ 25=　　　　200 × 26=　　　　560 ÷ 82≈

2.竖式计算，带※的题需要验算。

368 × 45=　　　　246 × 78=　　　　706 × 24=　　　　540 × 60=

384 ÷ 32=　　　　912 ÷ 38=　　　　680 ÷ 20=　　　　※430 ÷ 85=

二、认真审题，填一填（22点）

1.我们的家乡黑龙江位于我国的东北部，这里物产丰富、地大物博，是我国重要的粮食主产区之一。根据第七次全国人口普查结果，黑龙江省的人口约为31850000人。分区域看，东北地区的人口约为五亿六千三百七十二万人。

（1）31850000读作（　　　），改写成用"万"为单位的数是（　　　）。

（2）五亿六千三百七十二万是一个（　　　）位数，最高位是（　　　）位，写作（　　　），省略亿后面的位数约是（　　　）亿。

2.哈尔滨是中国东北地区中心城市之一，是东北北部交通、政治、经济、文化、金融中心，也是中国省辖市中陆地管辖面积最大的城市，被誉为欧亚大陆桥的明珠，是中国历史文化名城、热点旅游城市和国际冰雪文化名城。

2021年年末哈尔滨的常住人口约为989万人。约等于989万的最大数是（　　　），最小数是（　　　）。

3.东北三省土壤肥沃、资源丰富，是我国重要的粮仓。目前，东北三省生产的粮食已经占据全国的五分之一。下表是2021年东北某商品粮基地粮食产量统计情况表。

品种	产量/吨
玉米	20439000
水稻	3582048
小麦	2043900
大豆	4612003
高粱	9008430

（1）产量最高的粮食是（　　　）。

（2）请将这几种粮食的产量按从大到小的顺序排列。

（　　　）>（　　　）>（　　　）>（　　　）>（　　　）

4.猎豹是世界上跑得最快的动物，每小时可以跑110千米。

它的速度可以记作（　　　），如果猎豹以这样的速度奔跑12小时，跑过的路程是（　　　）千米。

5."滴水凑成河，粒米凑成箩；文明用餐，节俭惜福。"

如果每人每天节约粮食125克，那么一个五口之家一个月（按30天计算）共可以节约（　　）克粮食。

6.括号里最大能填几？

56（　　）000≈56万　　　19（　　）0000000≈20亿

（　　）×40<241　　（　　）×51<350　　（　　）90×（　　）<730

三、反复思考，选一选（10点）

1.郑板桥在《咏雪》中写道："一片两片三四片，五六七八九十片。千片万片无数片，飞入梅花总不见。"以上文字中，共提到了（　　）个计数单位。

A.3　　　　B.4　　　　C.5　　　　D.6

2.阳光小学组织826名师生去参观辛亥革命博物馆，如果每辆车最多坐45人，那么至少要租（　　）辆车。

A.17　　　　B.18　　　　C.19　　　　D.20

3.我国公安部交管局下发通知：从2020年6月1日起，在全国范围内开展"一盔一带"安全守护行动。看到这个通知后，爸爸带了190元去商场购买头盔，每个头盔80元。你认为下面说法正确的是（　　）。

A．最多能买20个　　　　　　　　B．还剩3元钱

C．能买2个，还剩30元钱　　　　D．能买20个，还剩30元钱

4.三位数乘两位数，积是（　　）。

A.三位数　　　B.四位数　　　C.五位数　　　D.四位数或五位数

5.下面的式子中，得数大于40000的是（　　）。

A.648×59　　　B.432×98　　　C.499×80　　　D.543×72

四、仔细推敲，判一判（5点）

1.最小的自然数是1，没有最大的自然数。　　　　　　　　　（　　）

2.个、十、百、千、万、十万、百万……都是数位。　　　　（　　）

3.两位数乘三位数，其中的一个因数中间有0，积的中间也一定有0。

（　　）

4.420×45，如果第二个因数增加2，那么积增加840。　　　（　　　）

5.三位数除以两位数，商一定是两位数。　　　　　　　　（　　　）

五、聪明的你，答一答（25点）

1.2022年的北京冬奥会各项安排高效有序，让运动员舒适暖心，令各方印象深刻。冬奥会的成功举办，给全世界人民留下了深刻的印象，北京成为世界上首座"双奥之城"。"冰墩墩"是冬奥会的吉祥物，深受大家的喜爱，某玩具店购进了367个"冰墩墩"徽章。

（1）现在按原价28元一个，卖出了321个，一共卖了多少钱？

（2）剩下的"冰墩墩"徽章共卖了966元，剩下的"冰墩墩"一个卖多少元？

（3）某玩具厂要制作832个"冰墩墩"公仔，已经做了15小时，还剩352个未完成，该玩具厂平均每小时制作多少个"冰墩墩"？

2.原创文化类电视节目《中国诗词大会》，带领人们重温经典诗词，感受传统文化的魅力，相信同学们都很喜欢看。与节目同步出版的书籍《中国诗词大会》也深受广大师生的喜欢。

一班的许老师花288元买了12本书，那么二班的王老师买36本同样的书需要花多少钱？

3.中国结是中国特有的民间手工艺品，它具有独特的东方神韵，其丰富多彩的变化体现了中国人民的智慧。新华小学手工社团准备为敬老院爷爷、奶奶做一些手工：①手工社团有156人；②每人做一个中国结；③现有红彩带2976米；④做一个中号中国结需24米红彩带；⑤做一个大号的比中号的多用7米红彩带。

（1）如果每人制作一个中号中国结，还需要购买多少米的红彩带？

（2）请你根据上面的信息提出一个数学问题并解答。

六、动动脑筋，想一想（3点）

亲爱的同学们，我们家的门新换了一把密码锁，我问爸爸门锁的密码是多少，爸爸说：这个数在60万和70万之间，并且万位上的数字是"8"，十位上的数字比十万位上的数字小3，其余3个数位上的数是两个"5"和一个"0"，并且读数时不读零。亲爱的同学们，你们知道这个门的密码是多少吗？你们能帮帮我吗？

亲爱的同学们，此次测试就要结束了，请你们再次认真地检查试卷，争取取得优异的成绩。相信此时的你已经信心满满，快给此次的测试做一个自我评价吧！

【评价标准】

题号	答案	能力值
一、细心的你，算一算		共35点
1.	680　6　20400　6　8　9　6000 10　5200　7	共10点，每小题1点
2.	16560　19188　16944　32400 12　24　34　5……5	共25点，前7题每题3点，最后一题4点（验算1点），如果计算结果正确但横式结果漏写，整体上只扣1点
二、认真审题，填一填		共22点，每空1点
1.（1）	三千一百八十五万　3185万	2点
（2）	九　亿　563720000　6亿	4点
2.	9894999　9885000	2点
3.（1）	玉米	1点
（2）	20439000>9008430>4612003> 3582048>2043900	5点
4.	110千米/时　1320	2点
5.	18750	1点
6.	4　9　6　6　8	5点
三、反复思考，选一选		共10点，每题2点
1—5	B　C　C　D　B	10点
四、仔细推敲，判一判		共5点，每题1点
1—5	×　×　×　√　×	5点

续表

题号	答案	能力值
五、聪明的你，答一答		共25点
1.（1）	321×28=8988（元）	3点，其中列式正确得2点，结果正确得1点
（2）	367–321=46（个） 966÷46=21（元）	4点，第一个列式正确得1点，结果正确得1点，第二个列式正确得1点，结果正确得1点
（3）	832–352=480（个） 480÷15=32（个）	4点，第一个列式正确得1点，结果正确得1点，第二个列式正确得1点，结果正确得1点
2.	288÷12=24（元） 24×36=864（元）	4点，第一个列式正确得1点，结果正确得1点，第二个列式正确得1点，结果正确得1点
3.（1）	156×24=3744（米） 3744–2976=768（米）	4点，第一个列式正确得1点，结果正确得1点，第二个列式正确得1点，结果正确得1点
（2）	例如：如果每人制作一个大号中国结，还需要购买多少米的红彩带？ 24+7=31（米） 156×31=4836（米） 4836–2976=1860（米）	6点，根据条件，正确提出一个问题，得2点。列式正确得2点，结果正确得2点
六、动动脑筋，想一想	685530	3点

能力点	A+	A	B	C	D
等 级	100点	99—85点	84—75	74—60	60以下

试卷多维细目表

大题号	小题号	考查点	了解	理解	掌握	运用	素养维度	易	中	难	知识能力点值
一、	1	三位数乘两位数及除数是两位数的除法的口算和估算			√		运算能力 估算能力（算法、算理）	√			10点
	2	三位数乘两位数及除数是两位数的除法的竖式计算			√		运算能力（算法、算理）	√			25点
二、	1	大数的读作、写作、组成、改写等知识		√			数感（数与数量）	√			6点
	2	大数的近似数		√			数感（数量关系）	√			2点
	3	大数的比较大小		√			数感（数量关系）	√			6点
	4	速度单位表示的方式和速度、时间、路程三者之间的关系	√				模型意识				2点
	5	三位数乘两位数计算			√		运算能力（解决问题）	√			1点
	6	数的近似数及除数是两位数除法的变式训练			√		数感 运算能力		√		5点
三、	1	计数单位相关知识		√			数感	√			2点
	2	除数是两位数除法的变式训练				√	运算能力（算法感悟）				2点
	3	除数是两位数除法的计算算理及算法			√		运算能力（感知算理、理解算理）	√			2点
	4	三位数乘两位数积的位数的了解	√				运算能力（分析能力）				2点
	5	三位数乘两位数的估算及比较			√		数感（估算）				2点

续表

大题号	小题号	考查点	能力层级				素养维度	试题难度			知识能力点值
			了解	理解	掌握	运用		易	中	难	
四、	1	对自然数概念的了解		√			数感（数与数量）	√			1点
	2	计数单位与数位的区分	√				数感（数与数量）	√			1点
	3	因数的特点与积之间的关系	√				运算能力（分析能力）		√		1点
	4	积的变化规律			√		运算能力（计算规律）		√		1点
	5	商的位数与被除数和除数之间的关系	√				运算能力（分析能力）	√			1点
五、	1 (1)	三位数乘两位数的知识				√	运算能力（生活运用）	√			3点
	1 (2)	综合运用及除数是两位数的除法的计算知识				√	运算能力（综合运用）		√		4点
	1 (3)	综合运用及除数是两位数的除法的计算知识				√	运算能力（综合运用）		√		4点
	2	综合运用及三位数乘两位数计算的相关知识				√	运算能力（综合运用）			√	4点
	3 (1)	综合运用及三位数乘两位数计算的相关知识				√	运算能力（综合运用）			√	4点
	3 (2)	根据已知条件，发现问题、提出问题、分析问题、解决问题的能力				√	运算能力（综合运用）		√		6点
六、	1	数的组成相关知识				√	推理意识（数学思维、逻辑思考）			√	3点

《两位数乘两位数（不进位）》作业设计

姜燕燕

作业主题：《两位数乘两位数（不进位）》出自数学三年级下册第四单元。

一、教学目标

1.掌握两位数乘两位数（不进位）的笔算方法，理解算理，能正确进行竖式计算。

2.借助直观模型"点子图"，探索两位数乘两位数（不进位）的计算方法，理解笔算过程中每一步的意义，逐步渗透几何直观和数形结合思想，形成运算能力。

3.在丰富的数学活动中感受数学与生活的密切联系，增强自主探索的意识，发展数学应用意识，树立学习自信心。

二、学情分析

三年级学生由于年龄特征和心理特点，形象思维占主要地位，需要有动手操作和直观表象作为支撑。他们已经具备了分析问题和解决问题的能力，通过多位数乘一位数的笔算学习初步形成了笔算能力，掌握了乘法笔算的一般方法。教学时可以借助"点子图"与算式相对应，利用数形结合的思想，引导学生亲历建构两位数乘两位数数学模型的过程，帮助学生理解算理、掌握算法；作业设计时更要巩固两位数乘两位数（不进位）的算理，引导学生灵活掌握笔算方法，并能解决生活中的实际问题，发展数学应用意识。

三、教材分析

课标要求	《两位数乘两位数（不进位）》例1是三年级下册第四单元内容，属于"数与代数"领域中"数与运算"。探索并掌握多位数的乘法，感悟从未知到已知的转化。建立乘法运算竖式，从算理过渡到算法，理解算理与算法之间的关系，建立乘法模型，知道模型中数的意义。	
知识上挂下联	知识前量	学生在三年级上学期学习了笔算多位数乘一位数，在三年级下学期学习了两位数乘一位数（进位）的口算和两位数乘整十数、整百数（不进位）的口算，为两位数乘两位数（不进位）笔算学习打下良好基础。
	后续知识	后续学生将学习两位数乘两位数（进位）笔算乘法，在四年级上学期学习三位数乘两位数笔算乘法相关内容。
单元重点	这一教学内容是本单元的教学重点，也是全册教材的一个重点，在小学阶段"数与代数"的学习中有着举足轻重的作用。教材在编排上，充分利用"点子图"放手让学生探究算法，进而得到乘法竖式的过程，沟通算理与算法的关系，建立乘法数学模型，培养了学生的几何直观、推理能力。	

四、教学分析

在新知的学习过程中，从学生已有经验出发，充分利用"点子图"，帮助学生理解笔算过程中每一步的意义。在研究竖式计算方法时，再让学生在"点子图"上分一分、圈一圈，帮助他们理解两位数乘两位数（不进位）的笔算算理。

通过有梯度的课堂练习，帮助学生巩固两位数乘两位数（不进位）的笔算乘法，掌握乘法竖式计算的顺序和方法。但是由于学生刚刚学习两位数乘两位数笔算，计算方法掌握得不够熟练，在计算时容易出现一些错误，所以需要课后作业来巩固，诊断学生的学习效果，帮助学生深入理解算理，准确计算，形成扎实的运算能力，同时积累数学活动经验，发展数学应用意识。

五、作业全文

拓展性作业挑战 ★数学青铜称号

综合性作业挑战 ★数学白金称号

基础性作业挑战 ★数学钻石称号

➡ 亲爱的同学们，欢迎来到"分层作业超市"，期待同学们发挥聪明才智挑战三个层级的作业，获得数学荣誉称号！

基础性作业	设计意图
为迎接党的二十大的胜利召开，学校欲开展"喜迎二十大，童心向未来"花样跳绳比赛。跳绳集训队要新购一批跳绳，教练组到体育用品商店看到以下4款跳绳。（其中第④款跳绳的单价被墨汁弄脏了。）请聪明的你帮助教练们解决相关数学问题。 ①14元 ②22元 ③12元 ④2❚ 1.王教练买了第①款跳绳12根，用竖式计算14×12时，方框中的14表示（　　　）。 A.1根跳绳14元。 B.10根跳绳14元。 C.10根跳绳140元。 $$\begin{array}{r} 12 \\ \times 14 \\ \hline 28 \\ 14 \\ \hline 168 \end{array}$$	这一组练习题，将计算练习与现实生活情境相结合。选择当今热点党的二十大为情境，对学生进行爱国主义和思政的教育。第1题进一步帮助学生理解算理，掌握算法。
2.张教练买了第②款和第③款跳绳各14根，一共要付多少钱？下面算法错误的是（　　　）。 A.22×14+12　　　　B.22×14+12×14 C.（22+12）×14　　D.（22+12）×7×2	第2题通过练习，帮助学生提高分析问题的能力，体验算法的多样性。
3.李教练买了第④款跳绳10根，下面线上的哪个点可能是他付的钱？（　　　） A.100　　B.200　　C.300	第3题利用估算策略对乘积进行判断，培养估算能力。

续表

综合性作业	设计意图
4.教练组购买了第③款跳绳43根，需要花（　　　）元。	第4题解决实际问题，考查两位数乘两位数的计算方法。 通过有针对性的作业练习，让学生感受到生活中处处有数学，体会到数学的应用价值。
基础性作业预计完成时间及自评。	基础性作业预计完成时间为5分钟。 满意：★★★ 继续加油：★★

拓展性作业挑战	基础性作业挑战	★数学青铜称号
综合性作业挑战		★数学白金称号
		★数学钻石称号

➡ 亲爱的同学们，祝贺大家获得"数学青铜"称号！再接再厉，继续挑战吧！

综合性作业	设计意图
蛟龙号 载人深潜器是我国首台自主设计、自主集成研制的作业型深海载人潜水器，设计最大下潜深度为7000米级也是目前世界上下潜能力最深的作业型载人潜水器 1. "蛟龙号"载人潜水器是一艘由中国自行设计、自主集成研制的载人潜水器。若以最大速度行驶，它11小时能行驶多少海里？  最大速度为每小时25海里	在综合性作业中，设计不同情境的问题，展开诊断性练习。 第1题巩固笔算方法，提高学生的运算能力，并以"蛟龙号"为情境，让学生感受科技的力量，增强民族自豪感。

综合性作业	设计意图
皮影戏是中国民间古老的传统艺术，又称"影子戏"或"灯影戏"，是一种用蜡烛或燃烧的酒精灯光源照射兽皮或纸板做成的人物剪影以表演故事的民间戏剧，富有浓厚的乡土气息。 2.皮影戏是我国民间古老的传统艺术。郭老师周末带11个小朋友一起去剧院看皮影戏，他们准备350元买票够吗？ 成人票50元 儿童票半价	第2题巧设"儿童票半价"这个陷阱，培养学生认真审题、细致思考的好习惯，诊断学业效果的同时还向学生介绍了非物质文化遗产——皮影戏，激发了其民族自信，落实了人文底蕴核心素养。
3.小美在做两位数乘两位数的计算题时，把第二个乘数11个位上的1错看成了7，结果比正确的积多了78，正确的积是（　　　）。	第3题是提升数学素养的诊断性作业，联系乘法意义，联结知识内在关系提升数学思维，深化运算能力。
综合性作业预计完成时间及自评。	综合性作业预计完成时间为10分钟。 满意：★★★ 继续加油：★★

拓展性作业挑战　　基础性作业挑战 ★数学青铜称号

综合性作业挑战 ★数学白金称号

★数学钻石称号

亲爱的同学们，祝贺大家获得"数学白金"称号！你们已经很棒啦！继续挑战，会有更大的收获！

拓展性作业	设计意图
	拓展性作业训练学生思维的灵活性与创造性，使学生初步养成独立思考、探究质疑的学习习惯。同时培养学生的逆向思维，促进学生对整数乘法的本质理解，深化运算能力，形成推理意识。
拓展性作业预计完成时间及自评。	说明：拓展性作业为自选作业，提供给学有余力的学生挑战。 预计完成时间：5分钟。 满意：★★★ 继续加油：★★

基础性作业挑战	★数学青铜称号
综合性作业挑战	★数学白金称号
拓展性作业挑战	★数学钻石称号

➡ 亲爱的同学们，老师祝贺你们获得"数学钻石"称号！敢于探究挑战的你们最了不起！

亲爱的同学们：

祝贺你们完成分层练习！一分耕耘一分收获，让我们快快乐乐学好数学、用好数学，用数学的眼光观察现实世界、用数学的思维思考现实世界、用数学的语言表达现实世界，解决更多的生活问题吧！

六、完成标准

模块	完成标准
基础性作业	学生在规定时间内独立完成基础性作业，通过一组情境练习，能正确计算、准确解决生活中的实际问题。
综合性作业	学生在规定时间内独立完成综合性作业，能准确理解题意、正确列式、准确计算、书写规范工整。
拓展性作业	促进学生对两位数乘两位数（不进位）的本质理解，训练学生思维的灵活性与创造性。

七、效果评价

板块	预设效果	评价
基础性作业	95%的学生能够理解题意，准确计算作答、思考全面、有条理。	学生完成正确率高，审题仔细，对于笔算理理解透彻，能够准确分析作业题目要求，正确解答。
	5%的学生会在第1小题和第3小题上出现失误，理解上出现偏差。	学生没有正确理解算理，没有理解题意，不能选择估算方法解决问题。
综合性作业	85%以上的学生能够准确理解题意，找出相关数学信息，准确解答、正确计算，并能结合作业中给出的相关学科知识，进行阅读学习。	能够准确理解题意，找出数量之间的关系，分析问题和解决问题的能力得到提升。
	近15%的学生能够准确找出相关数学信息，但出现计算不准确的情况或者分析问题有偏差。	对于稍复杂的生活实际问题应用，学生的分析能力、理解能力有待提高。
拓展性作业	此题为开放性设计，培养"四基"中运算能力和推理能力核心素养，提供给学有余力的学生完成，通过作业练习，通"理"落"法"。	经历数学思维实践进阶练习的经验累积，养成独立思考、勇于探究的学习习惯，形成运算能力和初步的推理意识。

八、结果使用

板块	预设效果	结果使用	评价标准
基础性作业	90%以上的学生能够书写工整，做题严谨、准确。	课堂上重视"点子图"的桥梁作用与情境应用，沟通"理"与"法"，学生对算理与算法掌握扎实，高效完成本节课教学目标。	★★★

板块	预设效果	结果使用	评价标准
基础性作业	有近10%的学生不能准确判断方框中14表示的含义，分析不准数量之间的关系。	通过作业诊断，发现少部分学生对算理的理解不够深入，造成算法上的错误。结合错例分析，在下一步的教学中要加强对算理题目的讲解，结合练习课，针对笔算算理方面的习题进行专项训练。通过对错例类型题展开分析，注重算理讲解与运算能力之间的有效融合，理解算理与算法之间的关系，同时采用"兵教兵"策略讲清乘法笔算中每一步表示的含义，帮助学生理解算理。	⭐
综合性作业	80%以上的学生能够理解数量之间的关系，正确解题，解题过程完成，计算准确。	学生能用数学的思维与语言分析和解决问题，形成数据分析观念和应用意识。关注出错学生的错例分析，有针对性地进行个体辅导，采用"小老师"讲堂，进行生生互讲，提高学生分析问题、解决问题的能力。	⭐⭐⭐
	近20%的学生出现计算错误，第2题忽略"半价票"数学信息；第3题欠缺全面的思考。	通过作业诊断，结合图表进行分析：第2题出现错误是因为学生的审题能力有待提升；第3题出现错误是因为学生对于课上算理的理解不透，没有在头脑中构建起乘法笔算的支架。在后续的练习课教学中，教师要改进教学方法，找准学生理解的误区，抓住错误资源进行辅导，利用练习课多设计灵活、有针对性的练习题，通过对题意的分析，以编口诀的方式培养学生分析问题的能力，帮助学生学会用整体的、联系的眼光看数学问题，形成严谨的审题习惯，形成初步的应用意识。	⭐
实践性作业	积极参与挑战，有探究质疑的学习习惯，思维能力强，会用数学的语言分析问题。	本题愿意挑战的学生自愿完成，通过逆向思考找到线索，形成推理意识，训练学生思维的灵活性。	⭐⭐⭐

数学三年级下册第一单元试卷命制说明

姜燕燕

【试题项目名称】

数学三年级下册第一单元试卷命制说明

【命题科目】小学三年级下册数学

【命题范围】

三年级下册第一单元《位置与方向》	
单元例题	单元知识点细化
例1	认识东、南、西、北四个方向，会用给定的一个方向辨认其余三个方向。
例2	学习看懂简单的平面图，了解平面图是根据上北、下南、左西、右东的方位绘制。
例3	认识东北、东南、西北、西南四个方向。
例4	综合应用方位知识解决问题。

【整体命题意图】

命题理论依据	以中华人民共和国教育部制定的《义务教育数学课程标准（2022年版）》为理论指导，遵循新课标要求，严格"依标命题"。 以三年级下册教师教学用书以及现行数学教材为命题依据，保证命题的科学性。

续表

命题设计意图	本单元是"图形与几何"领域中有关"位置"的教学内容，《义务教育数学课程标准（2022年版）》明确提出："学业质量标准是以核心素养为主要维度，结合课程内容，对学生学业成就具体表现特征的整体刻画。"三年级下册第一单元《位置与方向》单元能力测查，以课程标准学业质量要求为指挥棒，以单元结构化数学知识主题为载体，依据第一单元《位置与方向》单元教学目标与学习目标，从学生熟悉的生活与社会情景入手，设计本单元能力测查试题。本单元知识能力命题以"一核、四层、四翼"为命题目标，设计了激发学生兴趣的开篇语、闯关题目、结尾的进阶评价。命题设计坚持7∶2∶1的难易比例，命题题目关注生活情境、现实情境、数学趣味、自然现象问题、局势热点问题等，全方位考查第一单元的知识，激发学生愿意测查的兴趣。同时，命题聚焦当下的社会热点问题，突出素养立意，凸显育人导向。通过命题评价从知识的角度应达到：认识八个方向，能根据给定的一个方向辨认其余7个方向；会用方位词语准确描述物体所在方向。从能力要求来看，通过命题测查进一步巩固方向知识，让学生在能力测查中经历数学的学习运用，初步形成方位感和应用意识。
命题目标要求	巩固本单元知识，能够准确写出八个方向并辨认方向，结合实际情境题能用方位词语描述物体所在的方向。【基础】 通过实际能力测查，初步形成辨认方向、表达物体所在方向的能力。【综合】 能用所学的方向知识解决生活中的实际问题，发展空间观念，初步形成方位感和应用意识，学会用数学的眼光观察、数学的语言表达现实问题。【创新】

【答题时间】

测查时间	第一单元《位置与方向》单元能力测查在规定时间60分钟内完成。
制定依据	结合本单元知识目标，根据双减政策，以不超过1小时为原则制定。

【命制试题及命题说明】

试题板块内容	试题命题说明
卷首语。 **三年级下册第一单元** **《位置与方向》单元能力测查** （考试时间：60分钟） 闯关表格 　同学们，祝贺大家顺利完成第一单元的学习，相信大家一定收获满满。在本单元的学习中，同学们和8个方向交上了好朋友，能解决生活中的方向知识。今天就让我们来一场知识擂台赛，相信你一定是最棒的！	卷首语设计了清晰的板块说明。闯关设计共五大板块和书写，除了对学生能力的测查，还关注到了学生书写习惯的培养。小机器人擂台赛清新、温暖、有趣的鼓励让学生对能力测查充满了期待，加强了学生测查的积极性和学习的主动性。

闯关	第一关	第二关	第三关	第四关	第五关	书写	总能力点
能力点							

第一关：方向训练营（知识能力点值：34个）	第一关说明
1.成语"四面八方"中"八方"指的是（　　）、（　　）、（　　）、（　　）、（　　）、（　　）、（　　）、（　　）这8个方向。 2.通常情况下，树木受光照多的一面枝叶会更茂盛。我国地处北半球，在我国，树叶茂盛的一面是（　　）面，树叶稀疏的一面是（　　）面。 3.刮西南风时，彩旗向（　　）飘扬；刮（　　）风时，彩旗向北飘扬。 4.古诗词中"恰似一江春水向东流"，这里的水是由（　　）面流向（　　）面。 5.地图通常是按上北、下（　　）、左（　　）、右（　　）的方向绘制的。	第一关：方向训练营，包含5道填空题。第1题和第5题考查对方向的填写；第3题考查对方向的相对性知识点的掌握。 第2题和第4题都是在现实情境中辨认方向，把考查的知识点与现实生活紧密结合起来，增加了考查的趣味性。通过考查也让学生明白大自然准备了许多"指南针"，可以帮助人们辨别方向。两题让学生开阔了眼界，同时借助古诗中的知识研究方向问题，整合了数学和语文知识，提升了学科素养，让学生学会用数学的眼光观察世界。 核心素养评估：落实空间观念。 关键能力评估：记忆方向、掌握方向相对性。

试题板块内容	试题命题说明
第二关：选择小专家（知识能力点值：15个）	第二关说明
1.把手表放在桌面上，用数字12正对着北方，正对着西方的是数字（　　）。 　　A.9　　　B.3　　　C.6 2.太阳（　　）是东升西落。 　　A.一定　　　B.不一定　　　C.不会 3.小明座位的西南方向是张强的座位，那么小明在张强的（　　）方向。 　　A.东南　　　B.西北　　　C.东北 4.图中体育馆在书店的（　　）方向。 　　A.东南　　　B.东北　　　C.西北	第二关：选择小专家，包含4道选择题。第1题和第3题考查对方向相对性的掌握情况；第2题考查对方向的相对性知识点的掌握。第2题和第4题都是在现实情境中辨认方向，把考查的知识点与现实生活紧密结合起来，增加了考查的趣味性。通过考查也让学生明白大自然准备了许多"指南针"，可以帮助人们辨别方向，让学生开阔了眼界，学会用数学的眼光观察世界。 核心素养评估：落实空间观念。 关键能力评估：记忆方向、掌握方向相对性。
第三关：辨析小能手（知识能力点值：12个）	第三关说明
1.燕子每年都会从南方飞往北方过冬。（　　） 2.指南针只可以用来指示南北方向，不可以用来辨别东西方向。（　　） 3.早晨面对着太阳，左面是北。（　　） 4.早上国旗飘向太阳升起的方向，这时吹的是东风。（　　）	第三关：辨析小能手，包含4道判断题。聚焦真实情境，从身边的自然现象出发，考查学生对于生活中辨认方向的能力，进一步体会数学与日常生活的密切联系。 核心素养评估：落实空间观念。 关键能力评估：辨析方向。

续表

试题板块内容	试题命题说明
第四关：方向小专家	第四关说明

1.看图填空。

（1）银行在十字路口①的____角，十字路口②的东北角是____；

（2）亮亮从家出发，先走到十字路口____，再向____走可以到十字路口①。

（3）报刊亭在亮亮家的____面，图书馆在亮亮家的____面。

火车站　　银行　图书馆　　钟楼
　　　　　　①　　　　　　　②
服装店　　超市　报刊亭　　亮亮家

2.走进生活。

2022年10月16日，党的二十大盛会在北京隆重召开，黑龙江省少先队组织开展了"喜迎二十大，童心向北京"参观活动，让我们跟随小记者代表团的队员们一起参观吧！

北京大学
故宫博物院
中山公园
北京慈寿寺塔　　天安门
　　　　　　北京天坛

（1）天安门的北面是____；北京天坛在天安门的____方向。

（2）小记者们从中山公园出发向____走到故宫博物院，再向____走到北京大学。

第四关：方位小专家，包含2道解决方向的问题。第1题和第2题都是在现实的情境中辨认方向的题目，通过看图，准确描述物体的位置，在巩固方向的同时，再次感受物体位置的相对性。

第2题与当下实际热点问题关联，在现实情境中，让学生借助方位词进行路线描述，考查学生运用八个方向的词语描述物体位置与简单行走路线的能力，体现"四翼"中综合性与应用性的考查要求。

核心素养评估：形成空间观念、应用意识。

关键能力评估：辨析方向、准确描述方向。

续表

试题板块内容	试题命题说明
第五关：智慧向前冲（知识能力点值：10个）	第五关说明
象棋规则口诀中有"马走日"和"象走田"的说法。在下面的棋局中，如果用"象"吃掉对方的"兵"，应该向（　　）方向走；如果用"马"吃掉对方的"兵"，应该向（　　）方向走。 	第五关：智慧向前冲。此题为智慧闯关，聚焦生活情境，从中国的象棋文化中考查方向问题，增加趣味性、创新性。通过此题，培养学生独立思考、探究的数学品质。 核心素养评估：空间观念、应用意识。 关键能力评估：辨析、描述的方向综合能力。
同学们，祝贺大家闯过四关，你们都是学习上的智多星。快对自己的闯关进行评价吧！ 一级评价：我是智多星，再接再厉！ 二级评价：我是小学优，继续加油！	卷尾设计素养评价，小机器人贯穿能力测查始终，可以在强化巩固本单元核心素养测查知识点的同时，增加趣味性。

【评价标准】

试题答案	知识能力点值
第一关：方向训练营 1.东、南、西、北、东南、东北、西南、西北 2.南、北 3.东北、南 4.西、东 5.南、西、东	34个。 第一关共17个考查点，每个考查点2个能力点值。
第二关：选择小专家 1.A　2.A　3.C　4.C	12个。 第二关共4道题，每道题3个能力点值。
第三关：辨析小能手 1.×　2.×　3.√　4×	12个。 第三关共4道题，每道题3个能力点值。

续表

试题答案	知识能力点值
第四关：方位小专家 1.（1）东北、钟楼　（2）②　西　（3）西　西北 2.（1）中山公园　东南　（2）北　西北	31个。 第四关共2道题。第1题每个空3个能力点值。 第2题：第1个空4个能力点值，后三个空每个是3个能力点值。
第五关：智慧向前冲 西北　西南	10个。 每个空5个能力点值。

【评价结果认定】

说明：本命题测查知识能力考查99个能力值，卷面书写1个能力值。

知识能力点	100	85—99	70—84	60—69	60以下
评价结果	出色	优秀	良好	合格	待进步
评价等级	A+	A	B	C	D

《位置与方向》双向评价细目表

单元	板块	核心素养	能力要求				难度7∶2∶1			知识能力点值	来源
			识记 20%	掌握 40%	运用 30%	应用 10%	易	中	难		
第 一 单 元 位 置 与 方 向	第一关	形成空间观念、想象并表达物体空间方位和相互之间的关系，培养应用意识。	√	√			√			34	资料创编
	第二关			√	√		√			12	资料创编
	第三关		√	√	√				√	12	创编
	第四关				√	√			√	31	创编
	第五关				√	√			√	10	资料

【命制试题】

三年级下册第一单元
《位置与方向》单元能力测查

（考试时间：60分钟）

闯关	第一关	第二关	第三关	第四关	第五关	书写	总能力点
能力点							

同学们，祝贺大家顺利完成第一单元的学习，相信大家一定收获满满。在本单元的学习中，同学们和8个方向交上了好朋友，能解决生活中的方向知识。今天就让我们来一场知识擂台赛，相信你们一定是最棒的！

第一关：方向训练营（知识能力点值：34个）

1.成语"四面八方"中"八方"指的是（   ）、（   ）、（   ）、（   ）、（   ）、（   ）、（   ）、（   ）这8个方向。

2.通常情况下，树木受光照多的一面枝叶会更茂盛。我国地处北半球，在我国，树叶茂盛的一面是（   ）面，树叶稀疏的一面是（   ）面。

3.刮西南风时，彩旗向（   ）飘扬；刮（   ）风时，彩旗向北飘扬。

4.古诗词中"恰似一江春水向东流"，这里的水是由（   ）面流向（   ）面。

5.地图通常是按上北、下（   ）、左（   ）、右（   ）的方向绘制的。

第二关：选择小专家（知识能力点值：12个）

1.把手表放在桌面上，用数字12正对着北方，正对着西方的是数字（　　　）。

A.9　　　　　B.3　　　　　C.6

2.太阳（　　　）是东升西落。

A.一定　　　　　B.不一定　　　　　C.不会

3.小明座位的西南方向是张强的座位，那么小明在张强的（　　　）方向。

A.东南　　　　　B.西北　　　　　C.东北

4.图中体育馆在书店的（　　　）方向。

A.东南　　　　　B.东北　　　　　C.西北

第三关：辨析小能手（知识能力点值：12个）

1.燕子每年都会从南方飞往北方过冬。　　　　　　　　　　（　　　）

2.指南针只可以用来指示南北方向，不可以用来辨别东西方向。

（　　　）

3.早晨面对着太阳，左面是北。　　　　　　　　　　　　　（　　　）

4.早上国旗飘向太阳升起的方向，这时吹的是东风。　　　　（　　　）

第四关：方位小专家（知识能力点值：31个）

1.看图填空。

（1）银行在十字路口①的＿＿＿角，十字路口②的东北角是＿＿＿；

（2）亮亮从家出发，先走到十字路口＿＿＿，再向＿＿＿走可以到十字路口①。

（3）报刊亭在亮亮家的____面，图书馆在亮亮家的____面。

2.走进生活。

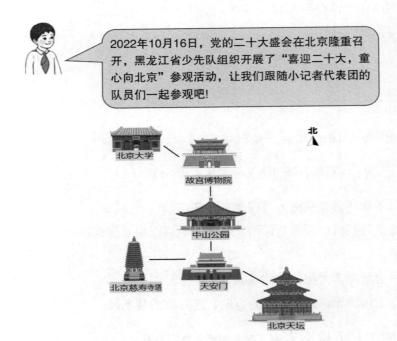

2022年10月16日，党的二十大盛会在北京隆重召开，黑龙江省少先队组织开展了"喜迎二十大，童心向北京"参观活动，让我们跟随小记者代表团的队员们一起参观吧！

（1）天安门的北面是____；北京天坛在天安门的____方向。

（2）小记者们从中山公园出发向____走到故宫博物院，再向____走到北京大学。

第五关：智慧向前冲（知识能力点值：10个）

象棋规则口诀中有"马走日"和"象走田"的说法。在下面的棋局中，如果用"象"吃掉对方的"兵"，应该向（　　　）方向走；如果用"马"吃掉对方的"兵"，应该向（　　　）方向走。

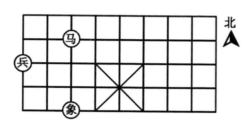

同学们，祝贺大家闯过四关，你们都是学习上的智多星。快对自己的闯关进行评价吧！

一级评价：我是智多星，再接再厉！

二级评价：我是小学优，继续加油！

《古诗三首》作业设计

苏　颖

作业主题：《古诗三首》出自五年级下册第四单元。

一、教学目标

1.结合预习，能读准本课的生字词语，结合注释理解诗词中重点词语的意思。

2.借助插图、注释，帮助学生理解诗句的意思，呈现画面感。

3.有感情地配乐朗读古诗，在音乐的渲染中，在反复诵读的基础上，体会诗人所表达的情感，感受诗词的意境。

4.借助"读诗词，想画面，联背景"的方法，课内外结合，让学生搜集整理自己喜欢诗人的边塞诗，鼓励学生诵读、积累、创编诗词，激发学生拓展"边塞诗"的兴趣以及对祖国灿烂文化的热爱之情。

二、学情分析

古诗言简义丰，有限的文字里隐藏着无限的画面。五年级的学生具备诵读古诗的能力，能够结合注释、插图理解诗句的意思，对于诗人在诗词中表达的意境也有真实感受。但是，学生对于边塞诗的学习较少，又对于特定历史环境的历史背景了解较少，所以学习本课有一定的难度。感其境，才能发其情，在古诗教学中可以用相关背景资料的介绍、音乐渲染、语言描述等方式创设情境，力求在课堂教学中将古诗放在一个广阔的历史文化背景中引导学生学习，让学生在古诗的意境中慢溯潜游，吸纳传统文化的精髓。

三、教材分析

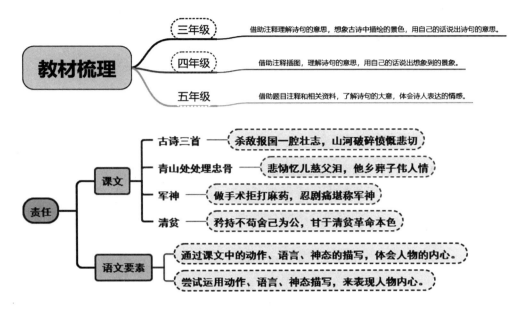

四、教学分析

《古诗三首》是五年级下册第四单元以"责任"为主题的古诗，三首诗的作者分别是王昌龄、陆游和杜甫。三位诗人都怀揣着赤子之心，所写的诗都关心黎民之苦，展现了不同时代的诗人情怀。

《从军行·青海长云暗雪山》是唐代诗人王昌龄的组诗《从军行七首》的第四首。诗歌通过描写在阴云密布、满眼黄沙的瀚海"孤城"中担任戍守任务的将士的宽广胸襟，表现了他们立誓破敌、决战决胜的顽强斗志和爱国主义的豪迈气概。

《秋夜将晓出篱门迎凉有感》是宋代著名诗人陆游的佳作。陆游面对祖国分裂的剧变时代，早怀报国大志，早年从军西南，壮阔的现实世界、热烈的战地生活，使他的诗歌境界大为开阔。

《闻官军收河南河北》被称为杜甫"生平第一首快诗"。安史之乱迫使诗人携家带口流连辗转，流落到四川梓州。多年的颠沛流离让诗人饱受战乱之苦，风雨漂泊的生活终于在胜利的喜讯中成为过去，共患难的老妻少子终于可以过上安定祥和的日子。想起这些，诗人悲喜交加、欣喜若狂、喜极而泣，以轻快活泼、爽朗奔放的语言，写下了这首脍炙人口的诗篇。该诗语句明白易懂如日常谈话，却又蕴含着深厚强烈的爱国情感。

五、作业全文

诗·情·融

✎ **长周期作业**

亲爱的孩子们，边塞上应该有湛蓝的天空，澄澈又高远；还有飘逸的白云，安然又宁静。凭栏怀古，残星与弯月，折射战争的悲壮与残酷；登高远望，废墟与断垣，印证边塞的凄清与萧疏。让我们快快走进积累园，品读不同的边塞诗词吧！

春 望

杜甫

国破山河在，城春草木深。

感时花溅泪，恨别鸟惊心。

烽火连三月，家书抵万金。

白头搔更短，浑欲不胜簪。

【历史背景读一读】

公元755年安史之乱爆发。756年诗人杜甫得知唐肃宗在灵武即位的消息后，不顾安危投奔唐肃宗而来，想要再有一番作为，结果在途中被安史叛军掳至长安，过了半年多因徒一样的生活。这时的首都长安已被抢掠一空，满目荒凉，而家人久别，存亡未卜。第二年（757年）暮春，春回大地，鸟语花香，草木茂盛，生机勃勃，但这只能增加诗人的痛苦和伤感。诗人触景生情，感慨万千，写下了这首感时恨别、忧国思亲的五言律诗《春望》。

> 展示形式：诵一诵□　　想一想□　　读一读□　　悟一悟□

【设计意图】

借助学生已有的学习经验，在拓展课外的诗词时，结合"诵—想—读—悟"的方法，让学生关注到高年级联系背景研读古诗词的重要性，为后续长周期作业的自主完成做准备。

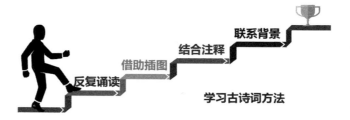

读诗词，借插图，想画面，联背景，能让我们深刻体会到诗人所表达的感情。孩子们，在诗词的世界里，有很多边塞诗等待着你去品读、去积累，快快行动吧！

> **任务一**："诵读小达人"——搜集你最喜欢的边塞诗。
> 展示方式：音频□　　视频□　　现场展示□

【设计意图】

任务一属于长周期作业中的基础作业。学生具备搜集古诗的能力，在众多的边塞诗中，学生可以自由选择，诵读自己喜欢的诗词。由于学生的能力不同，所以展示的方式具有可选性。不具备使用多媒体录制诵读的学生，可以尝试现场展示，要为每个学生提供展示的平台。

【关注能力点】朗读能力　搜集诗词的能力

【评价主体】师评☑　　生生互评☑　　自评□　　小组互评□

> **任务二**："手账小达人"——你知道哪些诗人是边塞诗人吗？你最喜欢哪位边塞诗人？用手账本整理相同诗人的边塞诗，尝试做一个边塞小诗集。相信你的书写最漂亮，可以图文并茂哦！
> 展示方式：用手账本做诗集

【设计意图】

任务二属于长周期作业中的能力作业。首先要了解边塞诗人就需要学生搜集整理有关诗人的相关资料，对于诗人所作的诗词进行分类整理，然后再尝试积累相同诗人的边塞诗，汇编成"小诗集"。在这里还需要关注对于诗句意思的理解，学生可以用类似课文中的插图简单呈现诗词的意思，做到图文并茂，并写一手漂亮的汉字。

【关注能力点】分类整理信息的能力　规范书写的能力　创作诗集的能力

【评价主体】师评☑　　生生互评☐　　自评☑　　小组互评☑

> **任务三**："创编小达人"——腹有诗书气自华，孩子们，诵读了这么多首边塞诗，你是不是也挖掘到古诗中的爱国古诗了？可以讲一讲古诗中的爱国故事或者创编一首边塞诗，为党的二十大献礼吧！
>
> 展示方式：班级评比台

【评价主体】师评☑　　自评☑　　小组互评☑　　亲子互评☑

【设计意图】

任务三属于长周期作业中的拓展作业，学生在搜集整理诗词的基础上，通过诵读多篇诗词，结合历史背景，看到了诗词中戍边战士保家卫国的英雄气概，了解了诗中的爱国故事，感受到了诗人所表达的情感。创编边塞诗或者是讲古诗中的爱国故事，既能激发学生的爱国热情又是对中华传统文化的传承。

【关注能力点】诗词赏析能力　语言表达能力

> **长周期作业任务群评价标准：**
>
> 1.能够搜集整理边塞诗词，能够抓住诗词的韵律美朗诵诗词。具备整理诗词的能力，精心制作边塞诗集，并能在诵读积累的基础上，创编诗词，传承中国优秀的传统文化。　　　　★★★★★
>
> 2.能够搜集整理边塞诗词，能够抓住诗词的韵律美朗诵诗词。具备整理诗词的能力，精心制作边塞诗集。　　　　★★★
>
> 3.能够搜集整理边塞诗词，能够借助诗词的韵律美朗诵诗词。　★★

亲爱的孩子们，经历了一个阶段的诵读、积累、创编，你也想给大家展示展示吧！接下来老师就跟随你们的步伐领略边塞！

交流汇报：

走进边塞——寻找朗读者

领略边塞——边塞合集交流会

感受边塞——创编诗词会

展示方式：现场展示

【活动方案】

小组内学生组织比赛交流，选出小组内优胜者，在全班做展示。通过层层筛选，评选出"最美天籁音"、"创意诗集"以及"红色小诗人"。

【设计意图】

本课的长周期作业是学生在较长的时间里持续连贯完成的专题作业，学生坚持诵读、坚持积累、坚持创编，可以充分发挥学习的自主性。有作业就要有反馈，把长周期作业的反馈安排成一个展示活动，能够看到不同的学生在不同方面的能力提升，凸显层次性，关注学生个性发展，提升语文素养。

【关注能力点】语文学习的综合能力

【评价主体】师评☑   自评☑   小组互评☑   亲子互评☑

✎ 跨学科作业

【选做作业】孩子们，一个阶段的诵读与积累、积累与创作，一定让你感受到了边塞诗的意境美。让我们边欣赏曲调悠扬的古筝曲，边呈现你眼前的边塞意境吧！

展示方式：画连环画☐   用彩砂做沙画☐   用彩泥呈意境☐

【设计意图】

注重学科间的融合，结合艺术欣赏学科的学习，激发学生思维的发散性、灵活性、创造性，促进学生语文素养和综合能力的提升。此外，学生在呈现画面时可以采用不同的用品，根据爱好特长自由选择，体现自主性。

【关注能力点】 创新能力　动手操作能力

【评价主体】 师评☑　　自评☑　　小组互评☑　　亲子互评☑

> **跨学科作业评价标准：**
>
> 1.艺术欣赏激发学生的灵感，展开想象，能抓住边塞的风景特点，结合诗词的意境作画。　　　　　　　　　　　　　★★★★★
>
> 2.运用艺术欣赏激发学生的创造性，学生结合对诗词的理解呈现画面感，感受诗人的情感。　　　　　　　　　　　★★★
>
> 3.能够借助音乐诵读古诗词，对于画面的描绘过于简单。　　★★

六、完成标准

继承和弘扬中华优秀传统文化是文化自信的表现，《义务教育语文课程标准（2022年版）》指出，了解和借鉴人类文明优秀成果，具有比较开阔的文化视野和一定的文化底蕴是语文核心素养的重要体现。边塞诗是中国文学史上的华彩一章，它包含着中华民族优秀的文化基因，彰显了以爱国主义为核心的伟大民族精神，积淀着深厚的家国情怀。结合本课教学内容，本课的作业设计凸显有落实、有梯度、有提升。学生学习课后的作业设计，关注了学生长周期作业的积累，开展了任务群活动，融合了作业设计的开放性和综合性，彰显了对传统文化的传承。

（一）把握学情基点，尊重个性差异

在作业实施的过程中，不能"一刀切"，应该根据学生的个性差异，弹性落实，让学生自主选择合适的方式完成作业。其中在长周期作业中，学生可以自主选择积累边塞诗的方式，如诵读、手账本摘抄、创编边塞诗或者讲边塞诗中的爱国故事等。设计不同难度水平的、可供选择的作业能很好地调动学生的学习积极性，让学习基础和能力不同的学生达成符合自己现阶段的学习需求的目标，切实减轻学生课业负担。

长周期作业任务群评价标准：

1.能够搜集整理边塞诗词，能够抓住诗词的韵律美朗诵诗词。具备整理诗词的能力，精心制作边塞诗集，并能在诵读积累的基础上，创编诗词，传承中国优秀的传统文化。　　　　　　　　★★★★★

2.能够搜集整理边塞诗词，能够抓住诗词的韵律美朗诵诗词。具备整理诗词的能力，精心制作边塞诗集。　　　　　　　　　★★★

3.能够搜集整理边塞诗词，能够借助诗词的韵律美朗诵诗词。　★★

（二）优化学科整合，培养核心素养

跨学科作业是对学习资源的一种重新整合，它将新课程理念转变为一种具体的可操作的教学举措。这类作业的设计有利于拓展知识视野、淡化学科界限，让学生在不同的内容和方法相互交叉、渗透和整合中提高学习效率。本课的作业设计中，我关注了学科整合，在作业总量上做减法，减掉的是机械重复性的作业；在内容形式上做加法，增加了跨学科作业的设计，让语文学科的学习与艺术欣赏学科有机融合，促进学生语文素养和综合能力的提升。

跨学科作业评价标准：

1.艺术欣赏激发学生的灵感，展开想象，能抓住边塞的风景特点，结合诗词的意境作画。　　　　　　　　　　　　　　　★★★★★

2.运用艺术欣赏激发学生的创造性，学生结合对诗词的理解呈现画面感，感受诗人的情感。　　　　　　　　　　　　　　　　★★★

3.能够借助音乐诵读古诗词，对于画面的描绘过于简单。　　★★

七、效果评价

✎ 长周期作业

【预设效果】

90%的学生能够主动积累边塞诗词，能够借助古诗词的韵律美朗诵诗词，能够查找相关的资料，用"读诗词，借插图，想画面，联背景"理解诗词的意思，感受诗人的情感，在朗读的基础上用手账本积累喜欢的边塞诗，并与伙伴分享。学有余力的学生会在积累的基础上，讲述爱国故事，创作边塞诗，流露爱国情感。

【效果评价】

在持续连贯的主题任务中，学生善于阅读、积累相同题材的诗词，将课内学习的理解诗词的方法延伸到课外，逐步加深了祖国灿烂文化的热爱之情，吸纳了传统文化的精髓。

✎ 跨学科作业

【预设效果】

学生积极参与，小组合作交流，结合艺术欣赏学科的学习，学生也会结合艺术特长，自由选择呈现方式，并结合对于边塞诗的理解，对于历史背景的深入挖掘，走进诗人的内心世界，寻找创作灵感，呈现诗词意境。

【效果评价】

跨学科作业设计学科间的合作，使得作业布置实现学科间的平衡，真正达到减负的效果，有利于拓展学生的知识视野，重新整合学生的学习资源，促进学生的知识积累与运用。

八、结果使用

新课程标准指出："教师要严格控制作业数量，用少量、优质的作业帮助学生获得典型而深刻的学习体验。"本节课的作业设计，力求少而精，通过"长周期作业"的设计，让学生在持续的任务中逐步积累知识、应用知识和发展能力。而"跨学科作业"的设计，倡导学生统整已有的学科学习经历，发展学生的核心素养。

长周期作业

学生对于品读积累边塞诗兴趣浓厚，坚持每周积累诗词，边领略边塞风光，边感受将士建立军功的壮志，加深了爱国热情，吸纳了传统文化的精髓，并在此基础上进行了仿写或者创编。根据学生的不同能力设计不同的评价标准，将作业分层布置，凸显作业设计的层次性、多样性、实践性。切实减轻学生的学习负担，避免死记硬背、机械训练，给学生提供可操作、可选择的作业，让不同的学生在不同层面提升语文素养。

跨学科作业

跨学科作业由配乐诵读延伸到配乐作画，激发了学生创作的兴趣。在完成积累边塞诗词的基础上，结合诗词的意境做沙画是孩子们喜闻乐见的作业形式，部分学生用手中的天然彩砂传递着诗词所流露出的意境。对于缺少创作灵感的学生，让他们积极投入小组合作，边欣赏边评价，可以在欣赏画作中提升语文素养。

统编版语文五年级上册期末试卷命制说明

苏　颖

本套试卷命题科目是语文学科，命题范围是统编版小学五年级上册全册教材内容。

一、命题理念

本套试卷从学生学习能力测评角度全面落实"双减"政策。基于《义务教育语文课程标准（2022年版）》的基本理念，依托本册教材的全面梳理，遵循本学段学生的学习规律，以夯实语文要素，全面考察和提升学生学语文、用语文的能力，全面提升学生核心素养为宗旨而设计命题内容。

二、命题的原则

1. "以测促评，三位一体"原则。

从教学的角度出发，本评价遵循集中反馈学生对本年度涉及知识点的掌握情况，关注学生思维发展、能力提升、目标达成度等，学测评三位一体。

2. "以点带面，多元评价"原则。

从学生发展的水平出发，试卷命题以核心素养为考查目标，通过识字与写字、阅读与鉴赏、表达与交流、梳理与探究等语文活动，全面考查学生核心素养的发展水平。

3. "试卷评析，查因问诊"原则。

借测后试卷分析，及时梳理共性问题，查因问诊，厘清教学薄弱点产生的原因，提出改进教学或教学补救的方案，进而提高课堂教学质量，真正做到"减负增效"。

三、命题结构

本套试卷在编排结构上，以教材编写的内容和要求对学生语文学习的训练点为载体，试题多样、难易适中，全面考查学生核心素养的发展水平。本套试卷包括"积累与运用""阅读与理解""笔下生花"三个板块，采用书面笔答、闭卷考试的形式，答题时间为70分钟，总分是100分。为落实课程标准中的书写要求，包括卷面书写3分。

1.试卷等级划分。

整套试卷等级：

等级	优秀（A）	良好（B）	达标（C）	待达标（D）
评价标准	100—85分	84—75分	74—60分	60分以下

板块等级：

板块	占比	等级评价			
		A	B	C	D
积累与运用	45%	39—45分	31—38分	24—30分	24分以下
阅读与理解	22%	22—18分	17—13分	8—12分	8分以下
笔下生花	30%	30—25分	24—20分	19—15分	15分以下
书写	3%	3分	2分	1分	0分

2.命题设计依据。

结合命题结构划分的层次，按照整体试卷7：2：1的难度结构，根据试题设计，梳理本套试卷的"命题双向细目表"。

"命题双向细目表"是一种规范化管理考试的科学方式。它不仅是对学生的学习知识与能力的一种科学测量方式，也是评价教师教学质量的基本手段。采用"命题双向细目表"来设计试题，能在考查目标和考查内容两个方向上列出各项和各层次试题的比例，使试题分布合理、覆盖面广，有利于克服教师命题的主观随意性，增强考试命题的科学性和客观性。

依据"命题双向细目表"本套试卷可划分为三个层次。

（1）语文知识的简单应用。这个层面属于基础性知识，是学生应知、应会的内容层次。比如"积累与运用"板块的1、2、3题，属于学生需要掌握的基本字音、基本汉字的书写以及古诗文中重要的基本注释，都是教材中的基础知识，是学生需要熟练掌握的基本点。

（2）语文知识的综合应用。这个层面考查学生的知识与能力，这是师生需要一定的努力才能在教与学的过程中得到落实的内容层次。比如，"积累运用板块"5（1）、6（5）题等，是学生在学习、夯实基本点的基础上，对于所学知识点的灵活运用，是对语文的基础性知识起着发展与提高作用的内容层次。

（3）语文知识的创造性应用。这个层面主要培养学生的创新精神和实践能力。比如，"阅读与实践"板块11题，侧重于考查学生的阅读与鉴赏能力，学生需结合阅读文本内容，借助已有的知识积累和学习经验发挥独创性，同时，还从学生读书这个实际经验的角度出发，考查学生语言文字的运用能力以及思维发展水平；"笔下生花"部分，属于综合性的题目，半命题的习作设计，引导学生打开写作思路，围绕话题展开交流，表达自己的真实感受，形成健康的审美情趣，也在学以致用的过程中展现正确的世界观、人生观、价值观。

3.命题设计意图。

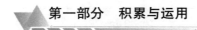

第一部分　积累与运用

1.画线字读音完全正确的一组是（　　　　）。（4分）

A.哐哐嘴（záá）　　任丘（rén）　　梁山伯（bó）　　享受（xiáng）

B.处心积虑（chǔ）　　侮辱（wǔ）　　牛虻（méng）　　撩起（liāo）

C.蔺相如（lìng）　　脊背（jǐ）　　供词（gòng）　　怔住（zhèng）

D.执拗（ào）　　哺乳（pǔ）　　嫉妒（jí）　　酵母（xiào）

第1题考查学生对于教材中词语读音的掌握能力，挑选的都是本册教材中学生在读音上容易读错的汉字。以选择题的形式呈现，能够在一道题中考查学生十六个词语的掌握能力，涉及的面广，注重基础知识点的应用。

2.下列四字词语书写完全正确的一组是（　　　　）。（4分）

A.难以置信　举世闻名　应接不暇　心旷神怡

B.相依为命　诡计多瑞　失魂落魄　得意忘刑

C.千真万确　寸草不生　成家立业　风景名盛

D.生灵涂炭　兵荒马乱　毫不示弱　金碧辉煌

　　第2题考查学生对于四字词语的书写，尤其关注四字词语中某个字的书写会与同音字、形近字混淆的现象。学生升入五年级，需要掌握课文以及语文园地中出现的四字词语，要能够正确书写、理解意思并恰当运用，此题关注小学和初中的衔接。

3.下列画线字解释有误的一项是（　　　　）。（4分）

A.万马齐喑究可哀（沉默）

B.聒碎乡心梦不成（声音嘈杂）

C.默而识之（知识）

D.不耻下问（以……为耻）

　　第3题考查学生对于古诗文和文言文注释的理解程度，尤其关注学生理解中特殊字的意思以及在文言文中出现的通假字，为后续的语文学习奠定基础。

4.选择正确的词语填空，把正确的序号填在括号内（　　　　）。（6分）

A.囫囵吞枣　B.牵肠挂肚　C.与众不同　D.悲欢离合　E.别出心裁　F.如饥似渴

　　不知从什么时候开始，我喜欢上了阅读，爸爸书架上的一些文艺书籍，差不多都被我翻过了。刚开始，我读得很快，（　　），大有"不求甚解"的味道。慢慢地，故事中人物的命运遭遇吸引了我，他们的（　　）常常使我（　　）。我开始（　　）地阅读，不知不觉中，得到了丰厚的报偿。从小学三年级开始，我的作文构思就（　　），落笔也（　　）。

第4题源于课文《我的"长生果"》，在学生理解所给情景的基础上，考查对于四字词语在语境中的灵活运用能力。

5.按要求写句子。（10分）

（1）根据要求用"精神"写句子。（4分）

◇（宗旨，主要的意思）_____

◇（活跃，有生气）_____

（2）读下面的语句，照样子，写出主要意思。（3分）

◇我廉颇立下了那么多战功，他蔺相如就靠一张嘴，反而爬到我头上去了。（廉颇对蔺相如不服气。）

◇只要我们按下手电筒的开关，立刻会出现一束光柱。光的速度是惊人的，大约是30万千米每秒，比流星体的速度要快几千倍!（　　　）

（3）说一说还可以把书比喻成什么，仿写下面句子。（3分）

◇书，被人们称为人类文明的"长生果"。_____

第5题是句型训练，考查的习题选自语文园地词句段运用，体现高年级的学段特点，注重语言实践活动，引导学生在生活中运用语言文字，提升运用语言文字的能力。

6.积累运用。（17分）

（1）敏而好学，_____。知之为知之，不知为不知，是知也。默而识之，_____，_____。

（2）《将相和》向我们讲述了_____、_____、_____三个故事。

（3）《落花生》的作者是许地山，课文中借花生朴实无华、默默无闻、不计较名利的可贵品格，告诉我们：_____。

（4）看到有同学贪玩，不珍惜时间，我会用东晋葛洪的名句"不饱食以终日，_____"来劝告他（她）。

第6题是课文内容回放，考查学生的记忆能力、默写水平、理解能力，以

及对于课文内容、古诗词及语文园地中积累背诵在语言环境中的灵活运用能力，从而让学生增强知识储备，腹有诗书气自华。

▼ 第二部分　阅读与理解

阅读（一）是课内阅读，选择名家名篇的重点段落，考查学生课文学习的理解程度，引导学生在阅读中关注动态描写，借助关键词句理解"鸟的天堂"的特点，落实单元语文要素。

> 7.在文中加点字的正确读音下面画"＿＿＿＿＿"。（2分）

第7题是在语境中选拼音，考查学生词语在语言环境中的正确读音。在阅读中关注基础，准确流利地阅读短文是学生解答阅读题的基础。

> 8.根据文中内容作答。（10分）
> （1）"大的、小的、花的、黑的"这是写了鸟的＿＿＿＿＿＿。（2分）
> "有的……有的……有的"是写了鸟的＿＿＿＿＿＿。（2分）
> （2）"昨天我的眼睛骗了我"这句话的意思是：昨天不是＿＿＿＿＿＿，而是＿＿＿＿＿＿。（2分）
> （3）最后一句话第一个"鸟的天堂"加了引号是因为＿＿＿＿＿＿；第二个没有加引号是因为＿＿＿＿＿＿。（把序号填在横线上）（4分）
> ①对大榕树的称呼　②这的确是鸟栖息的好地方，是作者由衷的赞叹

第8题是根据课文内容理解填空，主要考查的是《鸟的天堂》中的重点段落的重要内容，学生通过分析理解，进而感受鸟在"天堂"里的快乐和自由，也是对语文课堂教学的检测。

阅读（二）是课外阅读。升入高年级，阅读教学中落实的重点就是"把握文章的主要内容，体会作者所要表达的情感"。所以在本套试题中我选择了一篇记叙文来命题，题目重点指向对学生各层次能力的考查，从整体感知、获取信息、形成解释、评价鉴赏等阅读能力层级命题，充分考查学生在

语文学习过程中的能力、方法。

9.根据下列句子的意思，从文中找出相应的四字词语，写在句后的横线上。（4分）

（1）受到当前情景的触动而产生某种感情。＿＿＿＿＿＿＿＿＿＿

（2）形容吃东西又猛又急。＿＿＿＿＿＿＿＿＿＿

第9题考查学生对短文中有新鲜感的词语的关注度，需要学生在阅读中圈画四字词语，并根据意思作答。

10.文章第③段作者详细地写母亲到处借书，其用意是什么？（2分）

＿＿＿＿＿＿＿＿＿＿＿＿＿＿＿＿＿＿＿＿＿＿＿＿＿＿＿＿＿＿＿＿＿

第10题考查学生对于短文内容的整体把握能力。

11.边读边想象，你的脑海里肯定会出现作者如饥似渴地读书的画面，请用形象而简洁的文字描绘这个画面。（2分）

＿＿＿＿＿＿＿＿＿＿＿＿＿＿＿＿＿＿＿＿＿＿＿＿＿＿＿＿＿＿＿＿＿

第11题需要学生在理解短文内容的基础上，结合自身读书的经历，联系生活实际，用形象而简洁的语言描绘画面感，是对学生语言表达能力的考查。

12.读完文章，你最大的感受是什么？（2分）

＿＿＿＿＿＿＿＿＿＿＿＿＿＿＿＿＿＿＿＿＿＿＿＿＿＿＿＿＿＿＿＿＿

第12题需要学生在理解短文内容的基础上，借助短文中的关键语句，感受作者所要表达的情感，既考查学生在阅读中凸显的综合能力，又考查学生的语言组织与表达能力。

第三部分　笔下生花

13.请围绕"我想对您说"这个话题选择自己最感兴趣的内容，请以书信的形式，以《_____，我想对您说》为题写一篇习作。或许是想对爸爸妈妈说的心里话，或许是对默默奉献、坚守岗位的时代英雄表达敬佩之情……通过具体事件表达真情实感。

　　本次习作为半命题作文，并且需要采用书信的形式，考查学生准确把握习作要求的能力以及书信的书写格式。选择的话题内容宽泛，学生有话可说，有助于真情实感的流露。

　　综观整套试卷，它注重于引导学生积累、感受与思考，贴近学生的生活实际，加强语文与生活的联系，突出试题内容的人文特性；注重于能力这个核心点，强调运用，突出交际能力、阅读能力、习作能力以及书写能力的全面考核；注重于引导学生自主、个性化地学习语文，坚持开放性、创造性原则，鼓励考生发表独特见解和意见；在考试中追求知识与能力、过程与方法、情感态度与价值观三个维度目标的融合。

【命制试题】

小学2022—2023学年度五年级（上）期末测评语文试卷

（考试时间：70分钟）

板块	积累与运用	阅读与理解 （课内阅读、课外阅读）	笔下生花	书写	等级
得分					

　　亲爱的同学们，时光飞逝，回顾一学期的学习，相信你收获颇丰，那就用最规范、漂亮的书写呈现你的学习成果吧！

【积累与运用】

1.画线字读音完全正确的一组是（　　　）。（4分）

A.呱呱嘴（zá）　　任丘（rén）　　梁山伯（bó）　　享受（xiáng）

B.处心积虑（chǔ）　　侮辱（wǔ）　　牛虻（méng）　　撩起（liāo）

C.蔺相如（lìng）　　脊背（jǐ）　　供词（gòng）　　怔住（zhèng）

D.执拗（ào）　　哺乳（pǔ）　　嫉妒（jí）　　酵母（xiào）

2.下列四字词语书写完全正确的一组是（　　　）。（4分）

A.难以置信　　举世闻名　　应接不暇　　心旷神怡

B.相依为命　　诡计多瑞　　失魂落魄　　得意忘刑

C.千真万确　　寸草不生　　成家立业　　风景名盛

D.生灵涂炭　　兵荒马乱　　毫不示弱　　金碧辉煌

3.下列画线字解释有误的一项是（　　　）。（4分）

A.万马齐喑究可哀（沉默）。

B.聒碎乡心梦不成（声音嘈杂）

C.默而识之（知识）

D.不耻下问（以……为耻）

4.选择正确的词语填空，把正确的序号填在括号内（　　　）。（6分）

A.囫囵吞枣　　B.牵肠挂肚　　C.与众不同　　D.悲欢离合　　E.别出心裁　　F.如饥似渴

不知从什么时候开始，我喜欢上了阅读，爸爸书架上的一些文艺书籍，差不多都被我翻过了。刚开始，我读得很快，（　　），大有"不求甚解"的味道。慢慢地，故事中人物的命运遭遇吸引了我，他们的（　　）常常使我（　　）。我开始（　　）地阅读，不知不觉中，得到了丰厚的报偿。从小学三年级开始，我的作文构思就（　　），落笔也（　　）。

5.按要求写句子。（10分）

（1）根据要求用"精神"写句子。（4分）

◇（宗旨，主要的意思）_____

◇（活跃，有生气）_____

（2）读下面的语句，照样子，写出主要意思。（3分）

◇我廉颇立下了那么多战功，他蔺相如就靠一张嘴，反而爬到我头上去了。（廉颇对蔺相如不服气。）

◇只要我们按下手电筒的开关，立刻会出现一束光柱。光的速度是惊人的，大约是30万千米每秒，比流星体的速度要快几千倍！（　　　）

（3）说一说还可以把书比喻成什么，仿写下面句子。（3分）

◇书，被人们称为人类文明的"长生果"。_____

6.积累运用。（17分）

（1）敏而好学，_____。知之为知之，不知为不知，是知也。默而识之，_____，_____。

（2）《将相和》向我们讲述了_____、_____、_____三个故事。

（3）《落花生》的作者是许地山，课文中借花生朴实无华、默默无闻、不计较名利的可贵品格，告诉我们：_____。

（4）看到有同学贪玩，不珍惜时间，我会用东晋葛洪的名句"不饱食以终日，_____"来劝告他（她）。

【阅读与理解】

（一）课内阅读

鸟的天堂（节选）

起初周围是寂静的。后来忽然起了一声鸟叫。我们把手一拍，便看见一只大鸟飞了起来。接着又看见第二只、第三只。我们继续拍掌，树上就变得热闹了，到处（chù chǔ）都是鸟声，到处都是鸟影。大的、小的、花的、黑的，有的站在树枝上叫，有的飞起来，有的在扑翅膀。

我注意地看着，眼睛应（yīng yìng）接不暇，看清楚了这只，又错过了那只，看见了那只，另一只又飞起来了。一只画眉鸟飞出来，被我们的掌声一吓，又飞进了叶丛，站在一根小枝上兴（xīng xìng）奋地叫着，那歌声真好听。

当小船向高塔下面的乡村划（huá huà）去的时候，我回头看那被抛在后面的茂盛的榕树。 我感到一点儿留恋。昨天是我的眼睛骗了我，那"鸟的天堂"的确是鸟的天堂啊！

7.在文中加点字的正确读音下面画"＿＿＿＿＿"。（2分）

8.根据文中内容作答。（10分）

（1）"大的、小的、花的、黑的"这是写了鸟的＿＿＿＿＿＿。（2分）

"有的……有的……有的"是写了鸟的＿＿＿＿＿＿。（2分）

（2）"昨天我的眼睛骗了我"这句话的意思是：昨天不是＿＿＿＿＿＿，而是＿＿＿＿＿＿。（2分）

（3）最后一句话第一个"鸟的天堂"加了引号是因为＿＿＿＿＿＿；第二个没有加引号是因为＿＿＿＿＿＿。（把序号填在横线上）（4分）

①对大榕树的称呼　②这的确是鸟栖息的好地方，是作者由衷的赞叹

（二）课外阅读（11分）

书的王国

①书，一度是我的堡垒，也是我的王国。

②那还是初病的前几年中，面对着日趋恶化的病体，不可知的命运，真有前途茫茫，不知何去何从之感，甚至天边掠过一只飞鸟，也能教我触景生情，伤感泪下。

③于是，我用书为自己建筑了一个很好的堡垒躲在里面，可以忘掉病痛，忘掉一切的不幸。至今记忆犹新的是每天晚饭后，母亲就为我出门借书，不管认识不认识的人家，都要敲门询问一番。自己村子的借完了，就到别的村子去借，常要走很远的路。而母亲辛辛苦苦好不容易借来的书，往往在我饥不择食、狼吞虎咽之下，三两下就"清洁溜溜"了。母亲只好一趟趟走得更远了，直到父亲认识了一位图书馆的管理员，母亲肩上的重担才算放下。

④慢慢地，书为我开拓了一个新的人生领域，我又找到了自己，肯定了生命的意义。原来，生活的天地虽小，方格子的世界却广大无比。生老病死、悲欢离合，都由着我去创造，去发挥。为了写作，我的右臂一年四季肿胀不堪，硬得跟石头一样。父母亲友常劝我多休息，我却已沉迷其间，无法自拔了。对我，这真是一种极大的心灵享受。

⑤就这样，我由爱书人又迈上了写书人的艰苦路程。由于学识不足，经历太少，我需要看更多的书，吸取更多的知识。家中除订了许多份书报杂志之外，也不断地买新书。每日看书写书，我生活在书的王国，其乐无穷。

⑥我发现，一个人只要肯做，即使在三尺宽六尺长的病床上，也能为自己开创出一片广阔的新天地。

9.根据下列句子的意思，从文中找出相应的四字词语，写在句后的横线上。（4分）

（1）受到当前情景的触动而产生某种感情。_____

（2）形容吃东西又猛又急。_____

10.文章第③段作者详细地写母亲到处借书，其用意是什么？（2分）

11.边读边想象，你的脑海里肯定会出现作者如饥似渴地读书的画面，请用形象而简洁的文字描绘这个画面。（2分）

_____

12.读完文章，你最大的感受是什么？（2分）

_____

【笔下生花】（30分）

13. 请围绕"我想对您说"这个话题选择自己最感兴趣的内容，以书信的形式，以《_____，我想对您说》为题写一篇习作。或许是想对爸爸妈妈说的心里话，或许是对默默奉献、坚守岗位的时代英雄表达敬佩之情……通过具体事件表达真情实感。

【评价标准】

等级	优秀（A）	良好（B）	达标（C）	待达标（D）
评价标准	100—85	84—75	74—60	60以下

小学2022—2023学年
五年级（上）期末测评语文试卷答案

【积累与运用】（45分）

1.B（4分）　　2.D（4分）　　3.C（4分）

4.（6分，每个空1分，如果学生选择的不是序号，此题不得分）

A、D、B、F、E、C

5.（10分）

（1）（4分）

词语所在的语言环境的意思正确，表述句子的意思正确，每个句子得2分；

词语所在的语言环境的意思正确，但句子表达的意思不够明确，每个句子扣1分；

如果词语在语言环境中表达的意思完全不正确，此题不得分。

（2）（3分）

能够用简练的语言概括句子的意思，得3分；

如果语言啰唆，酌情扣1—2分；

如果表述的意思完成不正确，此题不得分。

（3）（3分）

仿照例句，学生自由创作，语义准确、表达通顺即可得分。

6.【17分，（3）题2分，其余每个空1分，出现错字，1小题扣1分】

（1）不耻下问，学而不厌，诲而不倦

（2）《完璧归赵》《渑池会面》《负荆请罪》

（3）人要做有用的人，不要做只讲体面，而对别人没有好处的人。

（4）不弃功于寸阴

【阅读与理解】（22分）

（一）课内阅读（10分）

7.chù yìng xīng huá（2分，每个拼音0.5分，答错不得分）

8.（1）（4分，每个空2分）颜色　姿态

（2）（2分，每个空1分）没有鸟 我没看见鸟，因为鸟在树上栖息。

（3）（4分，每个空2分，答错不得分）①②

（二）课外阅读（11分）

9.（2分，每个空1分，答错或者书写有误不得分）

（1）触景生情　　（2）狼吞虎咽

10.（2分，作者写出……得1分，衬托并突出……得1分）

作者详细地写出母亲到处借书，衬托出作者如饥似渴地读书的情景，也突出了作者读的书来之不易。

11.（2分，能够结合短文内容、结合生活实际呈现画面感，得2分，画面感呈现不够完整扣1分）

示例：在一个昏暗的房间里，床上的人儿捧着一本厚厚的书，专心致志地读着。柜子上的饭菜已经凉透了，但他仍然沉迷于书中忘了饥饿，忘了时间，忘了一切……

12.（2分）

示例：我们要多读一些书，有时候书会为我们打开通往广阔世界的大门；无论遇到什么样的困境，我们都要勇敢地面对，并保持积极向上的心。答案不唯一，学生表述的意思对即可。

【笔下生花】（30分）

作文评分标准：

一等文（30—25分）：中心明确，善于运用积累的词句，把内容写得清楚、明白，语句通顺，具有一定的写作技巧，感情真挚。标点使用正确，极少错别字。

二等文（25—20分）：中心明确，能把内容写得较清楚、明白，语句通顺，标点使用较正确，错别字少。

三等文（20—15分）：中心较明确，内容欠清楚、明白，语句基本通顺，标点使用大体正确，错别字较多。

说明：没有按作文题目行文的，扣一半的分，错别字每2个字扣1分；不重复扣分，扣到15分为止。

书写（3分）

评价标准：

A：学生用钢笔或中性笔答卷，汉字书写规范，行款整齐，力求完美，得3分；

B：学生用钢笔或中性笔答卷，汉字书写比较规范，但行款不够整齐，尤其是作文书写略微潦草，得2分；

C：学生用钢笔或中性笔答卷，汉字书写潦草，涂改部分多，试卷看上去脏乱，得1分。

语文五年级上册期末检测命题双向细目表

模块	核心素养	知识点（内容）	命题方式	标准	对应题号	能力要求				难度 7:2:1			分值	来源
						诵记 5%	理解 20%	掌握 20%	运用 45%	易	中等	难		
积累运用	语言的构建与运用 思维的发展与提升 审美的鉴赏与创造	字音	选择正确读音	选择题	90%左右	1	√		√		√			4	创编
		词语书写	四字词语书写	选择题	85%左右	2	√		√		√			4	创编
		注释解释	古诗文和文言文字义	选择题	85%左右	3	√		√		√			4	教材+创编
		词语运用	四字词语运用	选择题	90%左右	4	√	√			√			6	教材+创编
		积累	文言文、名言	填空	90%左右	6	√	√	√	√	√			17	创编
		句型	一词多义	句式	85%左右	5（1）		√		√			√	4	教材
			概括句意	句式	90%左右	5（2）		√		√	√			3	教材
			仿写句子	句式	85%左右	5（2）		√		√		√		3	教材

续表

模块	核心素养	知识点（内容）		命题方式	标准	对应题号	能力要求				难度 7：2：1			分值	来源
							诵记 5%	理解 20%	掌握 20%	运用 45%	易	中等	难		
阅读	语言的构建与运用 思维的发展与提升 审美的鉴赏与创造 文化的传承与发展	词语运用	语境中辨析字音	选择	95%左右	7	√			√	√			2	资料
			语境中提取词语	填空	90%左右	9		√		√		√		4	资料
		句子理解	想象画面	简答	80%左右	11		√		√			√	2	资料
			抓住关键句子理解语段	填空	85%左右	8		√		√		√		10	资料
		主旨把握	理解句子、主旨思想	简答	85%左右	10		√		√			√	2	资料
		评价运用	感悟与评价	简答	85%左右	12				√			√	2	资料
习作	语言的构建与运用	描写与表达	写感兴趣的话题，说说心里话	习作	90%左右	13				√				30	教学
书写	审美鉴赏与创造	规范书写	行款整齐，力求美观	试卷呈现	95%左右	无				√		√		3	无

《古诗三首》作业设计

尉　蔚

作业主题：《古诗三首》出自语文四年级上册第七单元。

一、教学目标

根据单元的语文要素、古诗教学特点及学生实际，确定以下教学目标。

1.通过自主朗读古诗，读准"塞、秦、征、将、杰"5个生字字音，借助词语分辨读准多音字"将"在诗句中表示将领的意思读四声；通过分析结构、生字和熟字对比学习会写"塞、秦、征、词、催、醉、杰、亦、雄、项"10个生字。

2.在自主阅读诗词、交流探究的基础上，理解诗句，感受诗人的爱国情怀，有感情地诵读诗文；背诵默写《出塞》《夏日绝句》。

3.借助注释，适当补充资料，结合课文边关、长城、古战场插图帮助学生想象诗歌描写的画面，理解诗意，说出自己读诗后的体会。

二、学情分析

四年级的学生目前通过反复的诵读，基本能理解古诗表现的意思和所叙述的事情。但由于本身的年龄和阅历的限制，他们还是不能深入真切地理解诗人的情怀，必须结合补充资料了解诗人的生平和时代背景，借助适当的指导品悟才能体会诗词所表达的情感。学生可能会在品悟"意象"（形象）的时候把握不准，这里需要教师耐心带着品悟。

三、教材分析

围绕主题，突出要素。《古诗三首》是部编版小学语文四年级上册第七单元的第一课，本单元以"家国情怀"为主题，表现了不同历史时期的人们在家国大义面前的不同风采。本单元的语文要素是"关注主要人物和事件，学习把握文章的主要内容"。

依据文本，落实要素。《古诗三首》包含三首经典古诗：唐代诗人王昌龄的《出塞》，唐代诗人王翰的《凉州词》，宋代词人李清照的《夏日绝句》。王昌龄的《出塞》主要是慨叹边战不断，国无良将，体现出了诗人对战争胜利的渴望与期盼。王翰的《凉州词》写艰苦荒凉的边塞的一次盛宴，描摹了征人们开怀痛饮的场面，表现了守边将士英雄豪迈的气概和旷达胸怀。李清照的《夏日绝句》是一首借古讽今、抒发悲愤的怀古诗。诗的前两句，语出惊人，直抒胸臆，提出人"生当作人杰"，为国建功立业，报效朝廷；"死"也应该做"鬼雄"，方才不愧为顶天立地的好男儿。深深的爱国之情喷涌出来，震撼人心。诗中所写的内容与学生生活有一定距离，可借助相关资料帮助学生理解。三首古诗都有鲜明的爱国主题，是对学生进行立德树人教育的重要依托。但是这种教育，要与语言文字的理解应用相结合，做到润物无声。

四、教学分析

第七单元的语文要素是"关注主要人物和事件，学习把握文章的主要内容"。这一要素是在三年级"了解故事的主要内容"基础上的进一步提升。本册第四单元安排了"了解故事的起因、经过、结果，学习把握文章内容"的要素，本单元在此基础上学习如何关注主要人物和事件，把握文章的主要内容。

五、作业全文

作业类型	作业内容	设计意图	评价标准
基础性作业（必做）预计：10分钟	1.读句子，根据拼读提示，有序写出汉字。 在王昌龄的记忆中，那qín汉延续至今的明月和边sài见证了长年zhēng战从未停止；在王翰的《凉州cí》中，守边将士出征前一zuì方休的画面深刻且清晰；在李清照的笔下，我们与她一起怀念xiàng羽，直抒做人中豪jié的xióng壮之志。	正确美观地书写生字，感受汉字的构字特点，体会汉字蕴含的智慧。	自评：我能够读准字音，并正确美观书写。
	2.给加点字选择正确的解释，填序号。 但：①只，仅；②但是，不过 （1）但求无过（　　） （2）但使龙城飞将在（　　） （3）虽然工作忙，但他不放松学习（　　） 教：①指导，教诲；②令，使 （1）谆谆教导（　　） （2）不教胡马度阴山（　　） （3）请教别人时态度应诚恳（　　）	能联系上下文和自己的积累，推想诗句中的词语意思。	自评：我能够根据语境选出正确的解释。
	3.梳理诗中的人物和事件，把表格补充完整。 ①边塞将士；②宋朝男儿；③出征前的战士 A.谴责朝廷；B.投身疆场；C.基础边关	积累的目的在于运用，梳理诗中人物和事件帮助学生更好地理解诗意，内化主题。	自评：我能够理解诗意，梳理诗中的人物和事件，并能正确工整书写。

诗句	人物	事件	表达主题
但使龙城飞将在，不教胡马度阴山。	（　）	英勇善战，外敌不敢南下	（　）国家统一
醉卧沙场君莫笑，古来征战几人回？	（　）	出征前开怀畅饮，一醉方休	（　）为国献身
生当作人杰，死亦为鬼雄。	（　）	统治者抛弃中原，南渡偷生	（　）渴望建功立业

作业类型	作业内容	设计意图	评价标准
拓展性作业（选做）预计：10分钟	1.选字填空。 （1）赛　塞　寒 比（　）　（　）冷　边（　） （　）北　球（　） （2）证　征　症 （　）明　（　）求　（　）状 （　）兆　长（　）	激发学生的兴趣，完成本课生字词的识记，区别形近字。	自评：我能够区分形近字、同音字并规范书写。
	2.阅读下面的诗歌和资料，回答问题。 **夏日绝句** [宋]李清照 生当作人杰，死亦为鬼雄。 至今思项羽，不肯过江东。 **背景资料：**靖康二年（1127年），金兵入侵中原，砸烂宋王朝的琼楼玉苑，掳走徽、钦二帝。宋高宗赵构领着臣子仓皇南逃，北方大好河山沦落敌手。李清照夫妇也逃亡江南，在路过乌江时，她有感于项羽的悲壮，创作了《夏日绝句》。 （1）李清照用《夏日绝句》鲜明地提出她的人生追求，生为____，死后也要做____，极富英豪丈夫之气。 （2）结合全诗和背景资料，下面分析不当的一项是（　　） A.本诗前两句直抒胸臆，表达了作者建功立业，报效朝廷的愿望。 B.本诗是一首怀古诗，借项羽的宁死不屈痛斥赵构君臣怯懦畏惧的丑恶行径。 C.李清照是婉约派著名词人之一，其词或轻柔婉丽，或缠绵悱恻，本诗诗意明白爽朗，与其婉约词风一脉相承。	借助补充的背景资料帮助学生理解诗句，体会家国情怀的壮烈。	自评：我能够根据背景资料理解诗句表达的情感，并根据具体情境灵活用上积累的诗句。

作业类型	作业内容	设计意图	评价标准
	3.请在空白处填上恰当诗句的序号。 说起爱国，要有文天祥"人生自古谁无死，＿＿＿＿"舍生取义的民族气节；要有杜甫"国破山河在，＿＿＿＿"忧国伤时之感；要有林则徐"苟利国家生死以，＿＿＿＿"刚正不阿的担当；要有范仲淹"先天下之忧而忧，＿＿＿＿"的政治抱负。 ①城春草木深　　②后天下之乐而乐 ③留取丹心照汗青　④岂因祸福避趋之	拓展诗句，感受古诗的韵味，内化对古诗的理解，感受家国情怀。	
延伸作业（选做）	1.查找关于家国情怀的诗词，大声诵读给小组同学，尝试背诵下来。 2.选取一首古诗，根据对诗词内容的理解把想象的画面画出来。	阅读爱国诗词，想象诗词描述的情境，进一步体会家国情怀。	自评：我能够分类查找诗句并分享给伙伴。我能根据自己的理解画出诗句描写的画面。

六、完成标准

1.a层次的学困生控制作业量、降低难度，确保基础知识的掌握，这样他们才会产生兴趣。

2.b层次学生保持难度，努力完成发展目标。需注意作业有一定的难度，使他们在确保达成基础目标的基础上，努力完成发展目标。

3.c层次学生减少作业量，但要增加难度，让他们有足够的时间去做一些融综合性、灵活性为一体的积累实践综合类作业。

七、效果评价

1.A类基础性必做题。大多数学生能做到书写较规范、认真，自评得到三星，极少数学生书写不规范，学生自评后鼓励学生继续努力。

2.B 类拓展性题难度比 A 类稍有提高。选做第一题的学生在基础上有所进步，答案正确率较高。第二题的正确率稍微有点差，相关方面需要加强训练，有待提高。

3.C 类延伸题目难点最大，更具挑战性。小部分学生缺乏合理想象的能力和语言组织表达的能力。

八、结果使用

1.小学高段学生已经具备自学能力，可以通过生字书写考查学生基础知识掌握情况。

2.布置落实训练目标的作业。根据课时目标，紧紧围绕目标布置有针对性的作业。

3.布置口头识记的作业，如课文的朗读与背诵、二会字的识记等。

4.布置观察、收集类作业。这类作业往往能为了解课文内容做好铺垫，为学生写作准备第一手资料。

《四季之美》作业设计

王婕嫱

作业主题：《四季之美》出自部编版五年级上册第七单元。

一、教学目标

1.随文认识"旷、怡"等5个生字，会写"黎、晕"等10个生字，通过联系生活实际、联系上下文等方法，理解"心旷神怡、闲逸"等词语，感受语言文字的优美。

2.在自主阅读、读书批注、交流感受的基础上，感悟四季的独特韵味，抓关键句段体会景物的静态美和动态美，并在这一过程中丰富语言，增加积累，背诵课文并仿照课文进行描写。

3.通过作业延伸课堂教学，促使学生在生活中发现语文问题、解决问题，实现知识的理解和运用，提高语文核心素养。结合作者生平和创作背景，初步感受课文的表达特色。

二、学情分析

五年级的学生处于小学高年龄段，正处在人生观、价值观和世界观塑造的时期。他们渴望获得认同，勇于表现自我，想要摆脱固式，彰显自己的个性，因此在作业设计上，一方面要帮助学生树立规则意识，让他们认识到规则的重要性；另一方面要兼顾学生的个性，充分尊重学生的自我意愿，鼓励他们大胆创新。

1.从知识储备上看，五年级的学生已经具备了联系上下文理解词语以及揣摩文章表情达意的能力，能够自主阅读散文。

2.从学习能力上看，五年级的学生对语文学科有一定的认识，模仿能力增强，正是积极探索世界的阶段。在设计作业时要鼓励他们提出疑问，探索调查，得出答案，鼓励他们从模仿中获得启发，结合自我思考创新内容。这一阶段需要培养学生养成课前预习、课后复习的好习惯，培养学生自主学习意识，提高其自主学习能力。

3.从生长点上看，五年级的学生已经具有一定的散文阅读能力，需要帮助学生学习散文时从积累到明识，从不自觉到自觉，从感性到理性。

三、教材分析

《四季之美》是五年级上册第七单元第二篇课文，本单元以"自然之趣"为主题，编排了四篇课文，旨在让学生体会课文中的静态描写和动态描写，学习描写景物的变化。这是教材第一次以单元编排的方式对学生进行专门的文学品鉴能力的培养。《四季之美》按照时间顺序描写了春夏秋冬四个季节不同的美，整篇文章结构简单、语言简洁、诗意含蓄、娴静委婉，字里行间充溢着作者对自然和生命的热爱之情。

"自然"是部编版教材的重要主题，贯穿小学五年。相较于其他强调"观察"的课文，本节课更注重让学生体味写景文字的优美，让学生受到情感的熏陶，享受审美乐趣。

四、教学分析

1.知识上挂。

本课是古诗词后的第一篇课文，重点引导学生体会句子中的动态描写。教学中可对在《古诗词三首》中习得的方法进行迁移，学习从上一课走来，在这一课丰富，知识逐渐形成体系，实现单元整体教学的价值。

2.知识下联。

《山居秋暝》是本单元感受动态描写的起点，学生通过体会"诗中有画，画中有诗"的王维之诗，自然能够轻松地走入"所写景致不多，却营造出美好氛围"的清少纳言的文章。在随后"日积月累"《渔歌子》的教学中要鼓励学生继续通过体会"动态描写"与"静态描写"感受藏在诗文中的画面与画面中的情感，从而真切地感受单元语文要素。

3.单元语文要素。

对于散文的阅读，教材在五年级提出了新的学习要求，即"初步培养品鉴散文的能力"。从单元整体框架看，本单元由写景抒情的《古诗词三首》和三篇写景散文构成，语文要素为"初步体会静态描写和动态描写"。

五、作业全文

	作业类型	作业内容	作业设计意图	预估完成时长
课前预习作业	基础作业：探秘四季的奥妙（必做）		利用课前预习单鼓励学生对新课中的基础知识进行预习，初步扫清字词障碍，让学生对教材内容有初步认知。该设计指向教学目标一，能够起到分散课上识字压力的作用，为学习课文做好基础知识储备。	3分钟
	实践作业：追寻四季的脚步（选做）	春天是播种的季节，夏天是耕耘的季节，秋天是收获的季节，冬天是蕴藏的季节，一年四季各有各的美好。请你在以下与四季相关的纪录片中任选一部，邀请爸爸妈妈一起观看，并交流观后感。（感兴趣的同学可以利用课余时间观看其他几部纪录片。）推荐纪录片：《四季之庭》《神话的森林》《四季中国》。	该作业为选做内容，打破了传统预习作业的枯燥形式，供学有余力的学生弹性选择。通过纪录片的观看及与家人的交流，激发学生学习兴趣与个性化的探索热情。家人参与观影与交流，增进亲子互动。	自选

	作业类型	作业内容	作业设计意图	预估完成时长
课前预习作业	综合作业：记录四季的色彩（必做）	春去秋来，我们留不住时间，但可以将美好留存在记忆里。请你在以往的摄影作品里选择一张最有季节性、代表性的，说一说当时发生了什么故事。如果没有合适的照片，何不邀请爸爸妈妈和你一起在周末出游，感受大自然的美好，并拍摄一张当下季节的照片呢？	鼓励学生在生活中寻找趣味素材，在交流中体会成功的喜悦，感受学科知识与生活的联系。同时为课中综合作业——"四季说一说"提供素材准备。另外本单元习作为"学习描写景物的变化"，这一作业的设计也为习作做好铺垫。	2分钟
课中助学作业	基础作业：字词大冲关	1.读拼音写生字，给多音字注音。 lí míng qī hēi yè mù xīn kuàng shén yí 查实 查急 红晕 晕头转向 2.读下列句子，联系上下文，体会其中的动态描写。 ①即使是蒙蒙细雨的夜晚，也有一只两只萤火虫，闪着朦胧的微光在飞行，这情景着实迷人。 ②夕阳斜照西山时，动人的是点点归鸦急急匆匆地朝窠里飞去。 ③成群结队的大雁，在高空中比翼而飞，更是叫人感动。	对基础知识进行当堂巩固，其中需要会写的几个词语均选自词语表，是学生应知应会重点内容。多音字"着""晕"的考查设计源于对学生预学作业中课文朗读的检测。读句子，体会其中的动态描写一题是课后重点习题，旨在课中品读，体会动态描写的妙用。	5分钟

	作业类型	作业内容	作业设计意图	预估完成时长
课中助学作业	实践作业（探究作业/跨学科作业）： 课文画画看	《四季之美》是一篇优美的散文诗，按照时间顺序描写了不同季节不同的美，表达出作者的喜爱之情。请你根据课文描写，任选一个季节作画，并根据你的了解，适当增加内容。	本题的设计以学生的兴趣出发，既考查对课文内容的理解又以画为载体丰富学生的想象空间。这一作业也体现了跨学科设计的理念。	3分钟
	综合作业： 四季说一说	课前大家都准备了季节照片，请大家以小组为单位，展示你带来的四季照片，讲一讲你为什么选择它和它背后的故事，并仿照课文用几句话描写你带来的照片所展示的景致。	核心素养的培养注重对学生能力的培养，能力的培养可在综合作业中得到反馈。课前有布置，课中有反馈，这一作业内容也是对课后习题仿写进行反馈，同时为本单元习作打开思路。	3分钟

	作业类型	作业内容	作业设计意图	预估完成时长
课后巩固作业	基础作业:四季修剪工(必做)	在课堂上,你有没有写错的字词,有没有哪些内容让你感觉还没能熟练掌握?请回忆课堂内容,将写错的字词或没有熟练掌握的内容整齐地摘抄在下面。 纠错本	该设计针对课中助学作业基础部分进行反馈及查缺补漏。一方面没有设计千篇一律的看拼音写词语,而是学生根据自己不同的学习情况自主选择积累易错字。另一方面学生可将课上掌握不够熟练部分记录下来,养成自主学习的习惯,体现作业巩固评价的作用。	3分钟
	实践作业:诗中的四季(必做)	古往今来,有许多诗人赞美四季。陆游说:"小楼一夜听春雨,深巷明朝卖杏花。"辛弃疾的夏天是:"稻花香里说丰年,听取蛙声一片。"请你积累一些描写"春、夏、秋、冬"的诗句,并将它们按照季节,填进相对应的瓶子里。 春 夏 秋 冬	该设计旨在引导学生积累,指向教学目标二。采取学生喜闻乐见的形式,针对不同层次的学生,不限制积累数量,与已学内容建立联系,为之后的习作做好铺垫。	3分钟

	作业类型	作业内容	作业设计意图	预估完成时长
课后巩固作业	综合作业（长周期作业）：家乡的四季（三选一完成）	作者笔下的四季如此美好，你家乡的四季又是怎样的？请你观察家乡的四季，在以下几个任务中任选一个完成： 1.以《家乡的四季》为题写一篇作文。（一层作业）难度★ 2.以"家乡的四季"为主题，拍摄一部小短片。（二层作业）难度★★ 3.选择家乡某处，在四个季节对它进行观察，画一画同一地点的四季，对比其不同。（三层作业）难度★★★	该作业需要学生经历一段时间去完成，内容开放、形式开放、成果表达形式开放，以三层阶梯难度进行分层，可以满足不同学生的个性、能力需求，开阔学生视野，是对综合能力的检测。	10分钟

六、完成标准

	作业类型	完成标准	评价标准
课前预习作业	基础作业探秘四季的奥秘（必做）	1.自主阅读课文内容，读准字音，读通句子，标清自然段。 2.通过自主学习，积累生字、词语及句子。 3.对课文内容有自己的感受。	一层自我评价：★★★★ 二层伙伴互评：★★★★ 三层教师评价：★★★★ 评语：
	实践作业追寻四季的脚步（选做）	1.至少选择观看一部纪录片。 2.观看后与家人交流观后感，交流中表述清晰流畅，有自己独到的见解。	一层自我评价：★★★★ 二层亲子评价：★★★★
	综合作业记录四季的色彩（必做）	1.按一定顺序描述画面，能够用到积累过的好词佳句。 2.乐于与家人分享，表达清晰、流畅、有条理。	一层自我评价：★★★★ 二层亲子评价：★★★★

	作业类型	完成标准	评价标准
课中助学作业	基础作业 字词大冲关	1."黎明、漆黑、夜幕、心旷神怡"四个词语书写正确、工整、美观。 2."着""晕"两个多音字区分正确。 3.能联系上下文，体会文中的动态描写，说清四季的独特韵味。	一层自我评价：★★★ 二层伙伴互评：★★★ 三层教师评价：★★★ 评语：
	实践作业 （探究作业/跨学科作业） 课文画画看	1.熟知课文内容，能根据课文内容完成绘画作品。 2.想象丰富合理，绘画作品中所增加内容符合实际生活。	一层自我评价：★★★ 二层伙伴互评：★★★ 三层教师评价：★★★ 评语：
	综合作业 四季说一说	1.乐于与伙伴交流、分享。 2.表达清楚、流畅。 3.描述中能够抓住画面特点，运用静态描写与动态描写的语言进行描述。	一层自我评价：★★★ 二层伙伴互评：★★★ 三层教师评价：★★★ 评语：
课后巩固作业	基础作业 四季修剪工 （必做）	1.整理错误生字词，书写正确、工整、美观。 2.对课堂重点内容有梳理。 3.能结合课中作业提出自己的困惑。	一层自我评价：★★★ 二层教师评价：★★★ 评语：
	实践作业 诗中的四季 （必做）	1.积累古诗句内容丰富、恰当，均为描写四季的古诗词。 2.书写工整、美观。 3.能够将所积累内容运用到仿写及单元习作中。	一层自我评价：★★★ 二层伙伴互评：★★★ 三层教师评价：★★★ 评语：

作业类型	完成标准	评价标准
综合作业（长周期作业）家乡的四季（三选一完成）	1.所选内容符合要求，一层作业能够仿照课文语言描述，体现动态描写与静态描写的运用。2.二层作业体现创新性，将文字内容以视频形式表现，有创意。3.三层作业能综合运用所学知识对比总结。	一层自我评价：★★★★★ 二层伙伴互评：★★★★★ 三层教师评价：★★★★★ 评语：

本次作业总积分共计：（　　　　）个。

七、效果评价

	作业类型	预设效果	实际效果
课前预习作业	基础作业探秘四季的奥秘（必做）	这一部分作业内容需学生独立完成，完成过程可借助字典等工具书。学生能够读准字音、读通句子，对课文内容有自己的理解。在读文过程中识写生字、积累词语。	学生读文过程中对多音字读音认读不够准确，个别学生自主识写的生字出现笔画错误。词语积累比较丰富。
	实践作业追寻四季的脚步（选做）	这一部分作业需要学生与家人一同完成。学生选择一部纪录片与家长共同观看，观看后亲子交流观后感。	优点体现在一部分学生能够与家人配合完成此项内容并有所收获。不足是前置性不够。
	综合作业记录四季的色彩（必做）	这一部分作业需要学生与家人交流完成，学生需要选择最具季节性的照片，与家人共同回顾照片中的故事。	学生所选内容有代表性，但个别学生平时阅读积累不够，语言表达能力不足。

	作业类型	预设效果	实际效果
课中助学作业	基础作业 字词大冲关	这一部分作业的字词部分需要学生独立完成,理解句子部分需要生生、师生交流完成,在交流中提升。	基本达到预期效果,在这一环节对课前作业进行了补充,夯实了基础。
	实践作业 (探究作业/跨学科作业) 课文画画看	这一部分作业需要学生先独立完成,再与小组同学合作交流。学生根据课文内容作画,并且有自己的丰富想象,画面内容丰富。	个别学生所画内容脱离文本内容,学生只关注了形式,没有明确训练要点。
	综合作业 四季说一说	这一部分作业需要学生小组合作完成。学生经历了课前与家人的交流,积累了丰富的语言素材,在与同学的交流中能自如表达。	这一部分效果比较好,达到预期效果,学生的能力在交流中得到提升。
课后巩固作业	基础作业 四季修剪工 (必做)	这一部分作业需要学生独立完成。学生能够及时梳理课中知识点的错误,及时梳理课中疑惑。	对于基础知识部分的梳理学生得心应手,对于问题疑惑的梳理不足。
	实践作业 诗中的四季 (必做)	这一部分作业需要学生独立完成。学生能够在已学或已积累诗句中进行回顾、整理,为习作积累语言素材。	个别学生积累不足,完成起来有一定困难。
	综合作业 (长周期作业) 家乡的四季	这一部分中的一层作业学生独立完成。二层、三层作业需要与同伴或家人合作完成。	学生对二层作业比较感兴趣,但是这一部分需要合作完成,受时间、空间的限制。

八、结果使用

	作业类型	作业结果分析	改进措施
课前预习作业	基础作业 探秘四季的奥秘 （必做）	班级44人全部完成，95%的学生能够正确、流利朗读课文，5%的学生将"着、晕"两个字音读错。积累了字形较简单的生字，如"晕、匆、幕、旷"等，积累了表示颜色的词语及有独特感受的句子。	这一部分作业学生能够自主完成，书写工整美观。不足是词语积累部分不应限定积累内容，可由积累表示颜色的词语改为积累喜欢的词语。课上读文时针对多音字进行指导，指导中可结合课中助学作业的基础部分。写字教学中关注课前学生出现错误较多的生字。
	实践作业 追寻四季的脚步 （选做）	这一部分内容为选做内容，供学有余力的学生完成。班级有80%的学生完成此内容，能与家人交流观后感。其他学生没有这样的素材可以交流。	课前作业的布置前置性不足，如部分学生反馈父母周末工作繁忙无暇外出，收到反馈后我及时调整，利用课后服务时间组织学生游览校内进行拍摄，让学生在常见的景色中发现往日没发现的美。
	综合作业 记录四季的色彩 （必做）	这一部分内容是课前作业中学生最感兴趣的内容，学生所选摄影作品有代表性，在与家长的亲子交流中提升了学生的学习兴趣。	这一设计起到了对课中学生学习活动的准备作用，学生在课前与家人的交流中做好了内容和语言的准备，课上交流自信、大方。

	作业类型	作业结果分析	改进措施
课中助学作业	基础作业 字词大冲关	"黎"有4名学生多写一撇,"神"有2名同学将礻字旁写成衤字旁。前者是对于易错生字的掌握不够扎实,后者是对于偏旁归类掌握不清。在体会动态描写部分,个别学生没有能用语言阐述自己的想法。	针对易错字还应指导学生及时进行积累,对于常见偏旁适当归类,掌握方法。对于语文要素的落实应适当选择与课文类似文章,引导学生对所学方法进行迁移运用。
	实践作业(探究作业/跨学科作业) 课文画画看	这一作业内容是课中学生最感兴趣的部分,反馈出的问题是个别学生所画内容与课文内容关联性不够,可以看出对于课文内容的理解不够深入。	这样的结果提示我在之后的教学中要关注读文,要在不断的阅读中引导学生想象画面,体会静态描写与动态描写的作用。
	综合作业 四季说一说	经过课前预习作业的准备,这一作业的完成度比较好。	在学生互评中应当引导学生将关注点从同伴所选择地点转移到语言组织与表达方法上,从而在交流过程中落实语文要素"体会动态描写与静态描写"。
课后巩固作业	基础作业 四季修剪工 (必做)	这一部分90%学生能够梳理出课中作业出现错误的生字、词语。对于课上疑惑的梳理不足。	在平时的教学中要注重指导学生学习语文的方法,如积累生字、词语的方法,培养学生课中质疑的能力,不是一味地接受知识。

	作业类型	作业结果分析	改进措施
课后巩固作业	基础作业 四季修剪工 （必做）	这一部分90%学生能够梳理出课中作业出现错误的生字、词语。对于课上疑惑的梳理不足。	在平时的教学中要注重指导学生学习语文的方法，如积累生字、词语的方法，培养学生课中质疑的能力，不是一味地接受知识。
	实践作业 诗中的四季 （必做）	这一部分95%的学生能够完成，出现的问题是在交流中发现学生只知积累而不知如何运用，这是运用所学知识能力的不足。	在平时鼓励学生多积累，积累后与同伴交流。在习作教学中有意识地指导学生运用所积累内容。
	综合作业 （长周期作业） 家乡的四季	这一部分选择一层作业的有30人，选择二层作业的有13人，选择三层作业的有1人。说明学生的创新能力仍需要培养。	对于长周期作业的验收仍有缺陷，可在学期末设计"家乡四季展"，邀请学生携带作品参展，给予学生作品高度的重视和尊重，引导学生在长时间内坚持完成作业。

《Unit 3　My friend Talk A》作业设计

赵　辉

作业主题：《My friend Talk A》出自英语四年级上册第三单元。

一、教学目标

1.通过作业练习能用句型His /Her name is...向家人介绍自己的朋友，并在语境中询问并回答他人姓名。

2.通过作业能用句型I have a good friend . He /She is...介绍自己的朋友，在语境中描述他人的外貌特征。

二、学情分析

四年级的学生活泼、好动，对周围的事物充满好奇。他们经过一年的学习，已经对英语有了一些初步的概念，能够听懂、会说一些简单的语言，能在教师的指导下初步形成规范的学习习惯，对课堂上的大多数学习活动有新鲜感，能在教师的引导下完成相关学习任务。在三年级，他们也接触过询问他人姓名的语言表达，如：What's your name? My name is...同时也认识描述外貌特征的形容词，如：thin, tall, short, fat等。所以，本单元学习描述他人的外貌特征有一定的语言基础。但是四年级的学生的审美观、价值观还在逐步形成阶段，他们对于他人的穿着、外貌差异还有待提高认识。本单元的学习将培养学生正确的审美观、价值观，让学生学会欣赏他人，尊重个体差异，珍惜友谊。

三、教材分析

本单元的六个语篇以不同的方式介绍了自己的朋友，以从家人到朋友，从绘画到书写形式描述介绍，最后分享朋友间的快乐生活，领悟深刻道理，共同达成单元主题：Meet my friend。单元内各语篇与单元主题之间相互关联、相互促进，构成五个子话题，即 "Introduce my friend to my family" "Introduce my friend to my friend" "Draw about my friend" "Write about my friend" "Happy time with my friend"。各课时围绕单元主题和子话题展开，课时之间既相互独立，又紧密关联。

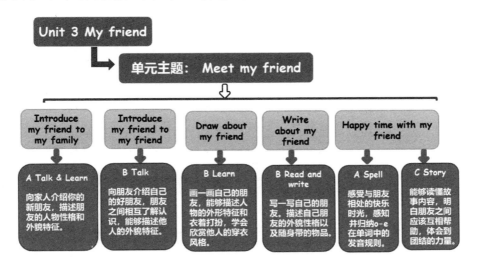

四、教学分析

本单元学习的主题是向他人介绍自己的好朋友，围绕单元大任务 "Meet my friend"展开，涉及六个语篇，包括一节对话词汇融合课，一节对话课，一节词汇课，一节读写课，一节语音课和一节故事课。这些内容与学生的日常生活紧密相连，学生乐于学习、易于掌握。同时，这个话题又建立在之前所学单词和句型的基础上，让学生新旧结合、不断积累。本课时为Part A部分的对话课，重点为 "Introduce my friend to my family"。语言学习渗透在对语篇主题意义的探究中，学习活动由浅入深，理解性技能与表达性技能协同发展，力争帮助学生形成基于主题的结构化知识。

五、作业完成标准及设计意图

作业项	项目	内容		
作业完成标准	对应作业目标	1.通过作业练习能用句型His/ Her name is...He /She is...向家人介绍自己的朋友，并在语境中询问并问答他人姓名。 2.通过作业能用句型I have a good friend. He/She is... 向朋友介绍自己的朋友，在语境中描述他人的外貌特征。		
	作业类型	形式	听☑ 说☑ 读☑ 写☑	
		水平	记忆性☑ 理解性☑ 应用性☑	
	作业时间	12分钟		
	提交时间	当天　1天后√		
作业设计意图	基础性	通过听音，模仿跟读，提高学生对新句型的理解和运用能力，并通过教材语境理解句型适用的情境。		
	拓展性	通过口头练习，锻炼学生的英语口头表达能力，提高学生运用核心句型的能力。		
	创新性	通过写一写，画一画，了解朋友在自己心中的印象，锻炼学生的写作能力。		
效果评价	自评	家评	师评	共计
得星数量				

六、效果评价

1.以听、说、读、写四项技能灵活运用核心句型及人称代词。

2.能在生活化的场景中介绍自己的朋友，友爱他人，正确地欣赏和评价他人。

七、作业全文

✎ 基础性作业

1.自读A Let's talk & A Let's learn进行纠音。★

2.与同伴表演A Let's talk & Let's chant并拍摄成视频。★★

✎ **拓展性作业**

同学们，用我们今天学习的内容向家里人介绍学校的朋友吧！可以通过拍摄视频的方式交给老师哦！★★★

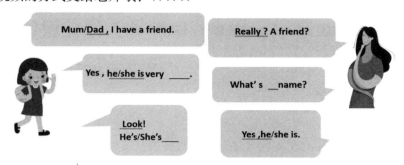

✎ **创新性作业**

同学们，介绍一下Zhang Peng，然后照样子画一画、写一写，介绍一位自己的朋友。★★★★★

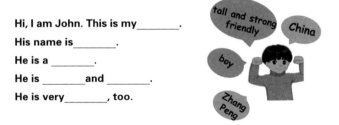

八、结果使用

通过查看效果使用情况，可以更好地掌握学生的作业完成情况，综合分析课堂教学以及作业使用是否切实有效地达到了预期的教学效果。

《Unit 2 Colours Talk A》作业设计

张　岚

作业主题：《Unit 2 Colours Talk A》出自英语三年级上册第二单元。

一、教学目标

1.能够听懂、会说、认读句型：This is... / Good morning.
2.能够在真实或模拟情境中正确使用句子。

二、教材分析

本单元的五个语篇从不同方面问候他人及颜色，诠释了单元主题Love the colourful life。 单元内各语篇与单元主题之间、各语篇之间相互关联，构成了四个子话题，即"了解多彩的日常生活""认识多彩的自然生活""学习多彩字母""热爱多彩的世界"。各课时围绕单元主题和子话题展开，课时之间既相互独立，又紧密关联。语言学习渗透在对语篇主题意义的探究中，学习活动由浅入深，理解性技能与表达性技能协同发展，能有效帮助学生形成基于主题的结构化知识。

三、学情分析

本单元的教学对象是小学三年级的学生，他们大多数是刚开始接触英语，已学《Unit1 Hello!》，其中日常交际用语与颜色都是贴近学生生活的。三年级学生的思维以具体形象思维为主，喜欢鲜艳的色彩，对绘画有浓厚的兴趣，并且会积极地展示自己的绘画作品。好客是中华民族的传统美德，是孩子的天性，学生乐于邀请同学朋友来家里做客、玩耍，与人见面会热情地打招呼。此外，他们活泼好动，形象、生动、有趣的故事往往能吸引他们的注意力。课堂进行故事表演，能激发学生学习英语的兴趣。

四、教学分析

Let's talk仍然是情景对话呈现部分。Miss White向Mr. Jones介绍另外一个老师Miss Green，呈现了介绍他人的句式This is ... 以及早上及上午向他人打招呼问好的句子Good morning。问好的Good morning学生们应该非常熟悉，需要注意的是他们的发音是否准确。介绍他人This is... 的句式并不难理解，在教学中可以为学生创设不同的情境，让学生使用句式来介绍他人。

五、作业全文

Unit 2 Colours
Talk A

作业项	项目	内容			
设计单元作业内容 A Let's talk	对应作业目标	单元作业目标1			
	作业类型	形式	听☑ 说☑ 读☑ 写☑		
		水平	记忆性☑ 理解性☑ 应用性☑		
	作业时间	25分钟			
	提交时间	当天 1天后√			
作业分析设计意图	基础性	通过听音，模仿跟读，提高学生的英语口语表达能力，并加深对课文的理解。			
	拓展性	通过口头练习，在情境中正确使用问候语、介绍语、初次相识语。			
	创新性	通过画自己喜欢的老师或朋友，考验学生的美术绘画能力和英语表达能力。			
作业评价	自评	家评		师评	共计
得星数量					

作业全文：同学们，多彩的世界很友好，那应该怎么表达问候呢？向他人介绍应该怎么表达呢？来一起学习吧！

基础性作业

让我们先来复习一下问候语、介绍语和初次见面语吧！A、B为必做，C、D为选做。

A: 听音3次跟读A Let's talk。★

B: 自读A Let's talk进行纠音。★★

C: 熟背A Let's talk对话。★★★

D: 与同伴表演A Let's talk对话并拍摄成视频。★★★★

拓展性作业

同学们，你的两个小伙伴之间不认识的时候你是怎么介绍的呢？或者朋友去你家做客，你是怎么向父母介绍的呢？来谈一谈。★★★★

创新性作业

同学们，你最喜欢的老师和朋友是谁？来画一画并介绍一下他吧！

★★★★★

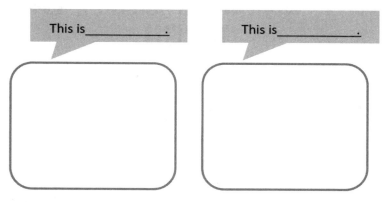

六、完成标准

大部分学生能够在真实或模拟情境中正确使用句子交流，大胆表达，乐于交流。

七、效果评价

1.以听、说、读、写四项技能灵活运用核心句型。

2.能够在生活化的场景中运用句子向他人问好或介绍他人。

八、结果使用

通过查看效果使用情况，可以更好地掌握学生的作业完成情况，综合分析课堂教学以及作业使用是否切实有效地达到了预期的教学效果。

《Unit 3　What would you like?　Learn B》作业设计

李梦飞

作业主题：《Unit 3 What would you like? Learn B》出自英语五年级上册第三单元。

一、教学目标

1.在看、听、说、写四方面活动中，获取、梳理对食物喜好及食物特征或味道的描述与表达。（学习理解）

2.在语境中描述食物的特征或味道，积极询问与表达对食物的喜好。（应用实践）

3.引导学生积极展现自我，合理安排饮食，注意营养均衡。（创新迁移）

核心词汇：fresh, healthy, delicious, hot, sweet；

核心句型：What's your favourite food?

（I love）Ice cream. It's sweet.

二、学情分析

学生年龄特点分析：

五年级学生年龄在11—12岁，处于少年阶段，感知事物的目的性比童年阶段明确，精确性也有所改善，思维模式由形象向抽象过渡，但还需加强启发式教学。配图对话故事运用提问的思维方式对学生的思维进行引导，教师可以从此方面着手。

学生已有经验分析：

在语音与词汇上，学生掌握了很多饮食词汇，如milk, fish, cake, tomato,

potato, carrot, beef, chicken, vegetables, ice cream, tea, food, drink等。

在词法上，学生已掌握在语境中对可数名词与不可数名词的使用。

在句法上，学生已掌握如何表达想要的饮食，会运用句型What would you like? I'd like some...; Would you like...?

在语篇上，学生对于"food and drink"这一话题并不陌生。三年级上册《Unit 5 Let's eat》，四年级上册《Unit 5 Dinner's ready》都是围绕饮食这一话题进行。四年级上册《Unit 4 At the farm》也提到了饮食。以上语篇均表达了注意饮食与健康，合理搭配，要养成良好的饮食习惯。

学生学习能力分析：

学生英语学习态度积极，乐于参与和表达情感，求知欲强，喜欢聆听新知识，喜欢讨论，喜欢情景和活动教学法，此类配图故事及对话正是学生所喜欢的内容。但在注重活动的同时知识的掌握不够扎实，所以在教学中注意动静结合，扎实知识。

三、教材分析

本课共有两个板块，现对两个板块进行分析。

Let's learn——

What: 课本通过图片展示出Sarah喜欢的食物照片以及它们的味道和特征。通过Sarah与Chen Jie对最喜欢的食物进行的讨论，展现出Chen Jie最喜欢的食物是冰激凌，因为很甜。

Why: 在呈现Sarah与Chen Jie对最喜欢的食物进行讨论，积极展现自我的过程，在出示各类食物及喜欢的原因中，引导学生注意合理搭配营养，建立健康的生活方式。

How: 呈现Sarah喜欢吃的五种食物的照片，并展现其喜欢的味道和食物的特征，如fresh, healthy, delicious, hot, sweet. 在此说明要培养健康的生活方式，多吃蔬菜瓜果，不暴饮暴食。Sarah运用What's your favourite food? 句型询问Chen Jie最喜欢的食物是什么，Chen Jie回答"Ice cream"，并说明原因"It's sweet"，在此积极展现自我，悦纳自我。

Look, write and say——

What: 请学生观察四幅食物图片，写一写这些食物的特征，运用句型I love... It's...说一说自己喜欢的食物及原因，运用What about you? 和同伴们互相讨论。

Why: 通过看图回答，了解这些食物的特征，明确书写规则，通过积极展示自己喜欢的食物及原因并与同伴讨论，能够巩固应用核心句型，积极展现自我，也能提醒彼此养成健康的饮食习惯。

How: 通过观察、书写和讨论，引导学生综合运用本课所学核心句型表达自己的喜好和原因。

四、教学分析

本节课主要包括热身导入、新知呈现、新知学练、新知巩固与拓展应用五个部分。

热身导入部分：复习旧知识，引入新知识。通过问答对话形式询问同学们最喜欢的食物和饮品。结合实际，问一问喜欢的原因。

新知呈现环节与新知学练部分：教师通过对图片的询问，呈现Sarah喜好的食物，并根据图片中现摘的西红柿展现fresh，对比牛奶日期新鲜度练习fresh。之后，观察salad，引导学生学习healthy；学生举例。观察ice cream，感受食物特性，学习sweet，在此引导学生注意营养搭配。观察Sarah的表情，学习delicious, hot，展示中西方美食。Sarah与Chen Jie运用所学句型 What's your favourite food? 讨论对食物的喜好并说明原因，进行替换练习。

新知巩固部分：根据图片提示，请学生描述自己喜欢的食物，并说明其特征或味道，理解并运用相关语言。描述是尽可能多地描述食物特性。

拓展应用部分：请同学们以小组为单位，说一说自己最喜欢的蔬菜、水果、肉类等有哪些，是否能搭配出营养健康的美食。

五、作业全文

该作业以家人对食物的喜好为主线，根据食物特征或味道判断家人是否喜欢；调查家人对食物的喜好；根据调查，为家人准备一个健康减脂餐，合理安排饮食，注意营养均衡。

（一）学习理解作业

作业时空：学校完成
完成时间预设：5分钟
作业布置意图：通过看、听、说、写的活动，让学生判断对应食物的特征或味道，达到对食物特征或味道的理解。
作业全文： 同学们，下列有你的家人喜欢的食物吗？这些食物有什么特征？请将hot，fresh，healthy，delicious，sweet这些食物特征填入相应位置，并注意书写格式的规范。   ——————————　——————————　——————————　——————————　——————————

（二）应用实践作业

作业时空：家中完成
完成时长预设：15分钟
作业布置意图：将描述食物特征或味道的单词与表达对食物喜好的句型融入实践。练习与运用新知，巩固本课所学单词与句型。
作业全文： 同学们，你的家人最喜欢什么食物？请按照示例，来调查一下家人们对食物的喜好，并形成小报告吧！

Sarah's father

 Sarah's father's favourite food is__salad_____. It's__healthy_____.
He doesn't like (不喜欢) ___ice cream_____. He likes___vegetables_____.
They're very good for his health.

Favourite food in your family

Your father

 My father's favourite food is_____.
It's (They are)_____.
He doesn't like （不喜欢）_____.
He likes_____.
It's (They're) very good for his health.

Your mother

My mother's favourite food is_____.
It's (They are)_____.
She doesn't like （不喜欢）_____.
She likes_____.
It's (They're) very good for her health.

（三）迁移创新作业

作业时空：家中完成	
完成时长预设：1天	

作业布置意图：以为家人做健康减脂餐为主线，通过网络对生活常识进行调查，对资料进行收集，实践制作并用英语介绍输出，将情境思维延展，引导学生注意营养均衡，建立健康的生活方式，自信乐观、悦纳自我。

作业全文：

同学们知道吗？我们每天所吃食物的卡路里含量是不同的，那么卡路里是什么呢？我们通常用卡路里（Calorie，Cal）表示食物中的热量，它是一个能量单位。只有卡路里含量适中才会有益于身体健康。同学们，你的家人最喜欢什么食物？请按照示例，来调查一下家人们对食物的喜好，并形成小报告吧！

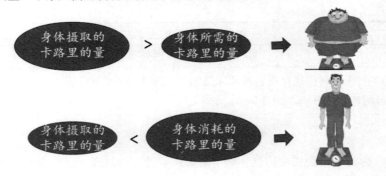

1.同学们，如果你想为家人准备一份健康减脂餐，请你先来查询以下食物的热量吧。（请以100克为单位。）

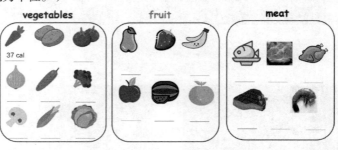

续表

2.同学们，你会选用哪些卡路里含量适中且有营养的食物制作健康减脂餐呢？将对应单词写在下列方框里吧，注意书写规范哦！将做出的健康减脂餐圈出来，拍个照片，和大家分享一下吧。（未学过的单词已注明，请参考学习。）

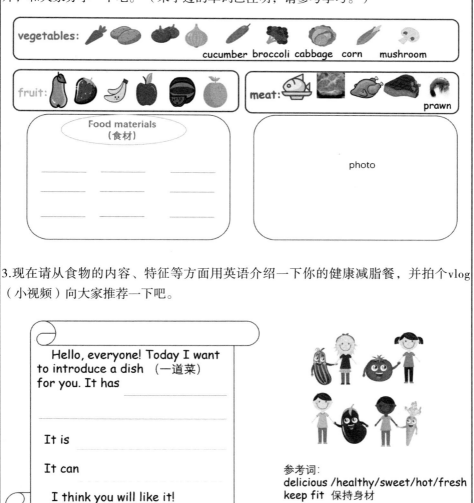

3.现在请从食物的内容、特征等方面用英语介绍一下你的健康减脂餐，并拍个vlog（小视频）向大家推荐一下吧。

六、完成标准

（一）学习理解作业

此题为开放性题目，答案不唯一。学生能够理解并掌握表示食物特征或味道的单词；按照实际情况合理判断食物特征或味道。

（二）应用实践作业

学生能够读懂调查内容，运用所学单词句型询问与描述家人对食物的喜好、食物的特征或味道，书写工整。

（三）迁移创新作业

学生能够使用词汇和句式介绍健康减脂餐，能够完成调查，自行选择合理的营养搭配制作美食，并能够介绍美食。

七、效果评价

（一）学习理解作业

从三方面评价学生对描述食物特征或味道的掌握程度，利用完成标准和评价内容进行自我反思，总结学习收获，发现自己的成长与进步。

评价等级（A/B/C）	自我评价	生生互评	教师评价
A：能够描述食物的味道或特征，单词拼写正确。按照实际情况合理匹配食物对应的味道和特征。			
B：单词拼写正确，书写工整，基本合理匹配食物的味道或特征。			
C：单词拼写正确，不能描述食物的味道或特征。			

（二）应用实践作业

从听、说、读、写四方面运用核心单词、句型询问与描述家人对食物的喜好与食物特征或味道。

评价等级（A/B/C）	自我评价	生生互评	教师评价
A：能读懂调查内容，利用丰富的词汇和句式询问和描述家人对食物的喜好与食物特征，内容填写合理，书写工整。			
B：能读懂调查内容，能利用核心词汇和句型询问和描述家人对食物的喜好与食物特征，书写工整。			
C：略读懂调查内容，用简单语言和词汇描述家人对食物的喜好。			

（三）迁移创新作业

通过实践活动，引导学生合理饮食、搭配营养，构建健康生活方式。

评价等级（A/B/C）	自我评价	生生互评	教师评价
A：能够使用丰富的词汇和恰当的句式介绍减脂餐。完成调查，减脂餐营养搭配丰富，色味俱佳。拍摄视频介绍，语音语调自然流畅。			
B：能够运用核心句型和词汇介绍减脂餐。完成调查，减脂餐营养搭配合理，拍摄视频介绍，语音语调较为自然流畅。			
C：未完成调查，减脂餐营养搭配不够合理，介绍菜品的词汇、句式单一。			

八、结果使用

（一）学习理解作业

通过这份作业的分析与反馈，从看、听、说、写检测学生已掌握如何描述食物的特征或味道。

（二）应用实践作业

通过作业反馈，学生能够通过调查家人喜好的情境，巩固本课所学单词与句型，达到教学目标。

（三）迁移创新作业

该作业体现综合素质主体化、多层次化，能表现学生在作业过程中的主体性，通过实践培养学生健康的生活方式，悦纳自我。

《Unit 2　Colours Learn A》作业设计

李宝宁

作业主题：《Unit 2 Colours Learn A》出自英语三年级上册第二单元

一、教学目标

1.能够听懂、会说、认读单词red，yellow，green，blue。

2.能够在游戏或真实的情景中正确使用句式I see red/yellow/green/blue。

二、教材分析

本单元共分A、B、C三部分。A部分共三页，分三课时。第一课时为情景对话和练习部分：Miss White（怀特老师）在向Mr. Jones介绍Miss Green，呈现出介绍人的句子This is... 以及打招呼用语Good morning. 接下来的"Draw and say"活动，学生要画出人物，并使用重点句式来介绍画中人。第二课时的"Let's learn"部分学习四个颜色名称：red, yellow, green, blue。教材通过引导孩子们观察雨后彩虹中的颜色来引出词汇及句子：I see green，并通过"Let's do"里"Show me green"的指令，来使学生操练颜色类单词。在第三课时"Letters and sounds"部分里，学生开始学习字母ABCD的字形、书写及在单词里的发音。

三、学情分析

本课的教学对象是三年级学生，他们对英语有着浓厚的学习兴趣，对色彩有着较强的敏感程度，这些都有利于新知识的教学，学生能在比较轻松的环境中学习新课内容。

四、教学分析

在"Let's learn"部分，Wu Binbin, Sarah和Chen Jie三个人正在观看雨后美丽的彩虹。他们发现了彩虹的七彩颜色，兴奋地说着：I see green! I see red! 这引出本课时四个表示颜色的单词：red, yellow, green, blue。颜色无处不在，是学生日常生活中接触特别多、看到特别多，特别熟悉的内容。它们与多种事物有联系，如前几课时学生学习到的文具、学生的衣物、教室里的布置等。在教学中，可以利用这些资源，让学生将所学的单词与实物、与生活联系起来，在使用中理解单词、掌握单词。

在学习词汇的同时，还要在教学中逐步渗透语音知识，让学生有字母在单词中发音的初步感受，为他们之后的进一步学习奠定基础。

五、作业全文

Unit 2 Colours
Learn A

作业项	项目	内容		
设计单元作业内容 A Let's learn	对应作业目标	单元作业目标3		
	作业类型	形式	听☑ 说☑ 读☑ 写☑	
		水平	记忆性☑ 理解性☑ 应用性☑	
	作业时间	20分钟		
	提交时间	当天 1天后√		
作业分析设计意图	基础性	通过听音，模仿跟读，提高学生的单词拼读能力，并提高学生对单词音、义、形的熟悉度。		
	拓展性	通过书面作业进一步加强学生对单词的拼写能力，通过涂色作业，加深学生对颜色的认识。		
	创新性	通过绘画自己喜欢的文具，提高学生的绘画能力，同时通过句子表达，提高学生的口头表达能力。		
作业评价	自评	家评	师评	共计
得星数量				

作业全文：同学们，我们通过日常生活认识了一些颜色，今天，让我们通过大自然来认识更多漂亮的颜色吧。

基础性作业

让我们先来复习一下 Wu Binbin 和同学们在公园看到彩虹认识的颜色吧。

A：听音3次跟读A Let's learn。★

B：自读A Let's learn 进行纠音。★★

C：与同伴表演 A Let's learn 对话并拍摄成视频。★★★★

拓展性作业

同学们，你都认识哪些颜色单词？看看下面的自然景观，你认为应该涂上什么颜色呢？涂一涂，并把单词根据颜色填写完整。★★★★

创新性作业

同学们，你最喜欢哪种文具用品？请你来画一画，涂上颜色，并用I see _____ 说一说。★★★★★

六、完成标准

大部分学生可以掌握四种颜色，并且会应用I see...句型。部分同学可以完成自我测评。还有一部分同学需要对green的发音多加练习。

七、效果评价

1.从看、听、读三个方面运用核心单词、句型表达所看到的颜色。

2.通过日常生活所认识的颜色，引导学生热爱生活、享受生活。

八、结果使用

1.通过作业的分析与反馈，从看、听、读检测学生已掌握四种颜色的单词及表达我看到的颜色的句型。

2.通过作业反馈，学生可以表达出对某种颜色的喜爱，巩固本节课所学习的单词与句型，达到教学目标。

《周末巧安排》作业设计

张蒙蒙

作业主题：《周末巧安排》出自道德与法治二年级上册第一单元。

一、教学目标

1.帮助学生逐步了解周末要做的事情，引导学生合理地安排周末，知道先做什么，后做什么。

2.通过视频和引导，启发学生反思周末生活的质量，懂得周末休息的意义。

3.让学生知道周末生活是丰富多彩的，养成制订周末计划表的好习惯。

二、学情分析

学生是学习的主体，学生已有的知识水平和认知结构，是教师教学的依据和出发点。二年级的学生经过一年的小学生活，已基本明确一周中每天的大体事务和安排，对自己的行为和思想有一定的分辨能力。然而由于年纪尚小、思想幼稚，很多时候他们无法控制自己的行为，不能合理地安排学习和生活。通过《周末巧安排》的学习，学生会明白日常生活中我们要有取舍，学习娱乐要相得益彰，我们要给孩子建立一个合理科学的周末计划安排，进而来影响他们对以后生活的计划和安排，由小见大。

三、教材分析

本课选自小学道德与法治教材二年级上册第一单元《我们的节假日》的第二课"周末巧安排"。本课依据《义务教育道德与法制课程标准（2022年版）》主要引导学生分清主次，巧妙地安排自己的周末；判断自己的行为是否合理可行，学会控制自己的行为，知道什么事可以做，什么事不可以做。本课旨在帮助学生逐渐提高合理安排短时段闲暇的能力，增强学生的时间管理意识和自律意识，引导学生正确处理学习与休息、娱乐之间的关系，做到劳逸结合，健康成长。

四、教学分析

本课的教学重点是帮助学生初步建立时间观念，了解合理安排时间的重要性。在教学设计的过程中，可以引导学生从生活经验出发，通过回忆自己的周末安排和观看视频的方式，理清周末生活的意义，合理地安排周末生活，做出周末计划表。视频展示突破了这节课的教学难点，让学生学会巧妙地安排周末生活。

五、作业全文

作业一：课中作业"说说我的周末"

我的周末		
什么时候	我做了什么	我有什么收获

老师在课堂中通过希沃白板出示周末活动卡，填写要求有以下几点。

1.什么时候：可以是周六、周日或者上周末。

我做了什么：写一件自己认为最重要的事情。

我有什么收获：写一项自己认为最重要的收获。

2.不会书写的汉字可以用拼音代替。

3.学生通过回忆上周末的生活，独自完成。

完成后，请同学分享周末活动卡，引导同学之间进行互相评价。教师也要及时宣布结果并做出评价。

作业二：课中作业小组合作交流"观点对对碰"调查表

状态	自评
周末睡懒觉	
周末早起做事情	
先做作业，然后玩	
先玩，然后做作业	
先做完自己想做的事情再玩	
想玩的时候就玩	

结合教师在课堂教学中所讲述的合理安排事情、重要的事情要先做等内容，以小组为单位进行调查和探索交流，完成调查表。

按班级自然分成四个小组，每小组派一名代表参加比赛。为避免小组间互相影响，比赛在间隔小组间进行，即第1小组和第3小组进行比赛，第2小组、第4小组代表担任裁判员和计时员。然后第2小组和第4小组进行比赛，第1小组、第3小组代表担任裁判员和计时员，各小组同学可以在座位上为本小组代表加油鼓劲，教师可作为监督员，时刻掌握课中作业完成效果及比赛秩序。小组代表在规定时间内做出正确的选择以及能够正确评价自己在本小组的比赛成绩，用时最短且能正确评价自己的小组胜出，教师要及时宣布比赛结果并做出评价。

作业三：课后实践作业"制作周末计划表"

周末计划表		
时间		安排
周六	上午	
	中午	
	下午	
	晚上	
周日	上午	
	中午	
	下午	
	晚上	

结合本节课的学习内容，完成课后的实践作业，可以参考老师给出的模板，也可以自行设计，并和家人进行分享交流。

【作业设计意图】

1.结合周末活动卡，学生可以更直观地回忆上周末的生活。引导学生讲述过程、体验和感受，可以为后面的活动打好基础。

2.通过一个小调查，大致了解了学生周末睡懒觉的情况、做事情的态度。在调查的过程中，学生能够反思自己的行为，也可以自由地交流自己的想法。让学生自由地表达自己的观点，可以了解学生最真实的想法，也可以让他们互相学习。

3.通过合理设计周末计划表，学生能够养成做事情有计划的好习惯，并能坚持完成，从而可以在有限的时间内做更多有意义的事情。

六、完成标准

A.独立完成；在规定时间内完成；书写工整；认真仔细完成作业。前三名奖励一个小红花。

B.（1）学生答案正确与否；（2）完成正确选择所需要的时间。

C.结合具体情况制订自己的周末计划，形式不限，内容科学合理即可。

七、效果评价

1.活动卡的有效运用提升了课堂的趣味性、学生的参与性。适时开展的课中评价，帮助教师及时发现问题并及时解决问题，有针对性地调整教学内容，提升教学实效。

2.通过填写调查表，学生能够懂得重要的事情要先做。教师要引导学生避免做出简单的好与坏的道德判断，要引导他们考虑细节。结合具体的生活情境，把握适度是关键。

3.通过制作周末计划表，学生体会到做任何事情都需要做计划的重要性，养成生活中做计划的好习惯。

八、结果使用

1.根据道德与法治学科特色，创新作业载体，注重情境创设及思维发展。让学生通过回头看的方式写一写自己的周末是怎么过的，并和全班同学分享。在和全班同学分享快乐周末的过程中，可以收获幸福感、自豪感。

2.新课程标准要求要以学生为主体。通过"观点对对碰"活动，让学生合作交流，不限制他们表达什么，允许他们自由选择，并引导他们说出理由，表现最真实的自己。最后，教师进行总结，对待具体的事情具体分析，让学生懂得重要的事情要先做，做周末计划表很有必要，以及如何合理地安排周末计划。

3.生活是德育课程学习的基础。本次课后实践作业的布置，在面向全体学生的同时，充分考虑了学生的个体差异，不限形式、不限内容，科学合理即可。引导学生通过周末计划的安排，逐渐养成做任何事都提前做计划的好习惯，最重要的是坚持去做。

《我认识您了》作业设计

黄译萱

作业主题：《我认识您了》出自道德与法治一年级上册第一单元。

一、教学目标

1.情感与态度：引导学生认识学校的教职工人员，将他们的工作与自己的生活联系起来，产生感激之情。

2.行为与习惯：让学生初步知道在遇到困难或者麻烦时，寻求老师的帮助，听从老师的教导。

3.知识与技能：引导学生尊敬老师和校园里的师长，对他们有礼貌。

二、学情分析

一年级的学生刚刚开始小学生活，对自己班的老师很熟悉，同时也希望认识更多的老师或者在校园里工作的其他人。但对如何与老师交往，在遇到困难时该如何解决还不是很清楚，需要老师给予具体指导。小学生年龄较小、自制力较差，这给我们的教学带来了挑战。因此，在教学中我们应该尽可能增加趣味性，以活动为主，让学生在有趣的活动中自主学习新知识、运用新知识。在小学校园里，可以学习到许多知识与本领，还能结识更多的新老师、新同学，这对于孩子们来说需要情感上的转变。同时，小学的课程形态、学习与生活方式、师生交往方式和学生所经历的幼儿园生活有很大差异。尤其是学生学习的课程增多了、接触的老师更多了，而有的学生活泼开朗，会主动与老师沟通交流；有的学生比较内向拘谨，不喜欢主动交流；还有的学生不善于更多地观察发现，对学校不同学科、不同岗位的老师了解不够，在自己需要帮助的时候不知如何寻求帮助，影响自己在学校的学习和生活。所以，这些都是我们在教学中需要引导和关注的。

三、教材分析

《我认识您了》是道德与法治一年级上册第一单元中的第三个主题活动。本课注重师生关系的理解，旨在对一年级学生进行尊师、敬师的品德教育，这是基本的文明礼貌教育，也是帮助学生适应学校行为规范的重要内容。这里的"您"指的是老师。一年级学生入学后，首先接触的就是校园、同学和老师，应在日常生活中拉近与老师的距离，减少陌生感。本课引导学生在进一步了解、熟悉学校里的老师时，感受来自老师的关心和爱护，在遇到困难时候知道要找老师及其他师长求助，消除学生对老师的陌生感，能够喜爱和尊敬老师。

四、教学分析

新入学的学生会对师长有陌生感和距离感。在生活中，我们常能听到有家长这样训斥孩子："如果不听话，就让老师罚你站在黑板前。"就这样，老师成了家长威胁孩子听话的"戒尺"。所以，有些孩子在入学前对小学老师充满敬畏。在他们眼里，老师是专门教知识的，会很严厉。另外，孩子们与学校里的校工接触得少，了解也少。所以，新入学的学生易与师长形成距离感与陌生感。

通过"猜猜他是谁"这个游戏，可以建立起师生关系，增进师生之间的亲近感；通过"你来说，我来猜"来了解老师的特征，引导学生尊敬老师、有礼貌地对待每一位老师；通过观察图片说类似的情况会怎么做，让学生知道有困难时候应该寻求老师帮助，听从老师教导。

五、作业全文

（一）课中作业

结合老师在课堂中的教学把最想和老师说的话写在爱心卡片上，并按班级自然分成四个小组，以小组为单位看看谁的设计最有创意。

（二）课后实践作业

结合本节课的学习内容，完成课后实践作业，寻找关于尊敬师长的故事，课下主动问好，寻找师生交往的绘本故事，与家长和朋友分享。（选择表格任务之一完成。）

课后作业任务

1	把上课所学到的知识和技能与朋友家人分享
2	利用网络查找有关尊重师长的绘本故事

【作业布置意图】

师生交往是一种智慧，需要教师针对不同的学生，在具体情境中把握状态。作业设计注重基础性、实践性、综合性，课后搜索可以巩固学习效果，激发学生的参与性，扩展延伸思维面。学生自己亲身参与关于师生交往以及尊重师长的资料查找会使思维更开阔，印象更深刻，更能体会到其中的道理。课中设计卡片能让学生更有参与感，能更积极地融入课堂，提高积极性，更好地与老师互动。

六、完成标准

教师要在重视学生学习结果的同时，关注学生学习的过程。为了更好地体现新课程标准的教学理念，让每个学生都能在学习中享受到成功的喜悦，拥有学习的热情，要引领学生自主探究问题，从生活中熟悉的事物出发，小组成员分工合作交流，完成、完善整个学习过程。只有学生充分地发挥了自主探究的能力，做到了"玩中学""做中学"，提高了动手能力和科学素养，才能进而突破教学重点、难点。

成绩标准分为三个等级：优秀；良好；合格。

任务1　（分享故事）	能找到尊敬师长的故事为合格；能找到尊敬师长的故事并与家长、朋友分享为良好；能找到尊敬师长的故事分享给家人，并做到尊敬师长为优秀。
任务2　（动手制作）	能做出精美卡片并且说出含义为优秀；能独自一人做出卡片为良好；能在别人的帮助下做出卡片为合格。

七、效果评价

完成标准			
评价内容	优秀	良好	合格
生活方面	能对不同的长辈们使用礼貌用语，对待他人态度谦虚，时刻说"谢谢"。	见到师长能问好的同时，对于他人能使用礼貌用语。	见到老师能问好。

八、结果使用

尊师重教是中华民族的传统美德，是做人的基本规范。对一年级学生进行尊师、敬师的品德教育，是基本的文明礼貌教育，也是帮助学生遵守学校行为规范要求的重要内容。

通过查找尊敬师长的故事，可以教育学生懂得感恩，养成文明礼貌的行为习惯，增强交往能力。

制作卡片可以增强小学生的实践动手能力。在制作卡片的过程中，可以增进学生对老师的感恩之情；将想与老师说的话写在上面，可以增强趣味性、积极性，与老师在课堂上更好地互动。

《富起来到强起来》作业设计

李 薇

作业主题：《富起来到强起来》出自部编版道德与法治五年级下册第三单元。

一、教学目标

1.让学生感知自己的生活，感受到我们祖国的日益富强，激发学生的爱国热情和民族自豪感。

2.让学生通过对比了解今昔生活的不同，知道今天的幸福生活来之不易；用自己的话说出精神文明的重要性。

3.感受新时代、新发展，通过活动使学生深刻领悟社会主义核心价值观的内涵，懂得价值观的重要性，初步树立社会主义核心价值观，有为祖国建设发奋读书的远大理想和付诸实际行动的决心。

二、学情分析

五年级的学生即将升入初中，心智相对成熟。教师应抓住这样的教育契机，通过多维度的思政教育使学生深刻领悟社会主义核心价值观的内涵；通过让学生感知自己的生活，感受到我们祖国的日益富强，激发学生的爱国热情和民族自豪感，引导学生为祖国建设发奋学习，拥有责任感、使命感并付诸日常的实际行动，做到知行合一。

三、教材分析

教材介绍了精神文明建设的作用与意义，同时阐明了精神文明建设与中华民族伟大复兴中国梦的内在关系；党的十八大以来以习近平同志为核心的党中央勾画的实现中国梦的宏伟蓝图；新时代的少年是国家未来发展的主力军、生力军，每位少年都肩负着责任，要成为一名新时代的好少年。

四、教学分析

本节课教学通过引导学生认识自己的生活，感受到我们祖国的日益富强，激发学生的爱国热情。通过对比了解今昔生活的差异，知道今天的幸福生活来之不易；能用自己的语言说出精神文明的重要性。

通过活动使学生深刻领悟到社会主义核心价值观的内涵，懂得价值观的重要性，初步树立社会主义核心价值观。

五、作业全文

课中作业（做新时代好少年）——这节课我们对精神文明新风尚、走进新时代、做新时代的好少年等内容进行了深入学习。作为祖国未来的主人，我们肩负着中华民族伟大复兴的重大使命，我们每一位同学都有着为中国梦圆梦的坚定理想与信念。

1.请以《做新时代小先锋》为题写一首诗歌或童谣，表达你的爱国情、强国志，并以此在日常学习生活中推进我们每个人的"报国行"，做到知行合一，成为时代好少年的先行者。

2.人的一生要活得有意义，我们在创作这首《做新时代小先锋》诗歌或童谣的时候请用"我来人间一趟"为首句开头。同学们，让我们一起为中华民族伟大复兴的中国梦圆梦！

3.有余力的同学可以再配以画作，图文相伴描绘出自己梦想的蓝图。

【作业布置意图】

1.课中作业，安排在"做新时代好少年"这一环节处。

2.通过本课第一课时的学习感受到改革开放以来，我国人民的物质生活和精神生活发生了巨大的变化，大江南北，到处都可以感受到祖国的繁荣昌盛；弘扬真善美、传播正能量、树立新风尚的精神文明建设一直发挥着非常重要的作用；实现中华民族伟大复兴的中国梦，需要强大的精神做支撑。

3.第二课时通过对精神文明新风尚、走进新时代、做新时代的好少年的深入学习，使学生懂得长辈和老师的期望。

学习毛爷爷对少年的期望

世界是你们的，也是我们的，但是归根结底是你们的。你们青年人朝气蓬勃，正在兴旺时期，好像早晨八九点钟的太阳。希望寄托在你们身上。

——毛泽东

让学生懂得自己是祖国未来和希望，党和政府一直以来关心、关怀着孩子们的健康成长。

4.作为祖国未来的主人，我们要有爱国情、强国志、报国行。

引导学生通过诗歌或童谣表达自己的爱国情感，这也是在帮助学生树立远大理想、坚定理想信念，加速实现中华民族伟大复兴的中国梦目标。

六、完成标准

评价内容	优秀	良好	合格
本次作业	具有维护国家核心利益和祖国尊严的意识与理想，有强烈的使命感、坚定的理想信念；具有国家统一、民族团结的意识。理解社会主义核心价值观内涵。以小诗的形式表达爱国情，立志报效祖国，有服务社会的情感与理想。能够了解诗歌的声律结构，平仄对仗并有一定文采，有强烈的使命感。	了解维护国家核心利益和祖国尊严的意识与理想，有使命感、理想信念；具有国家统一、民族团结的意识。初步了解社会主义核心价值观内涵。以小诗的形式表达热爱祖国、服务社会的情感与愿望。初步了解诗歌的声律结构，平仄对仗，能表达较为清晰的爱国情感。	了解维护国家核心利益和祖国尊严的概念，有理想信念；具有国家统一、民族团结的意识。了解社会主义核心价值观内涵。以小诗的形式比较清楚地表达热爱祖国的情感和个人理想。不够了解诗歌的声律结构，能表达较为清晰的爱国情感。

七、效果评价

评价维度	优秀	良好	合格
政治认同			
责任意识			
道德修养			
文学内涵			

八、结果使用

1.通过本次作业加深同学们兴中华、责任重的责任意识。引导学生坚定理想信念、练就过硬本领、勇于创新、艰苦奋斗、锤炼高尚品格，在弘扬和践行社会主义核心价值观中"勤学、修德、明辨、笃实、爱国、励志、求真、力行"，听党话、跟党走，做新时代的好少年，成为德才兼备的中国小公民。

以诗歌、童谣等文体让学生体会中华文字的魅力，渗透传统文化诗词的声律结构，平仄对仗，促进学生增强文化自信。

2.作业展示。

《装扮我们的教室》作业设计

张仁彦

作业主题：《装扮我们的教室》选自部编版道德与法治二年级上册第二单元。

一、教学目标

1.在参与集体生活中，即从参加集体劳动中，感受分工和协作的重要性，培养与人相处的能力、方法。在生活中达成对学生道德修养和健全人格核心素养的培养。

2.能认真完成学校集体交付的各项任务，为维护好学校环境做出力所能及的努力，并在完成集体工作、承担责任时，懂得以不同的手段、途径为集体工作。培养学生的实际技能与责任意识，达成对学生责任意识核心素养的培养。

3.形成初步的团结合作精神和创新能力。

二、学情分析

二年级的学生由于还不具有协作、共创的意识与能力，且艺术意识还相对淡薄，所以本课程的老师应从以下两个方面进行教学。一方面，通过实际教学活动，让学生对设计装饰教室所必需的基本条件、方法进行认识，明白在装饰教室设计中，自己可以担任哪些工作以及如何进行布置等相关知识，认识到合作、共创意味着要取长补短、相互配合。另一方面，为他们呈现装饰好了的富有童趣的、设计得新颖别致的房间。这些取材自各年级的真实的课堂布置，富有感染力与说服力。

三、教材分析

本单元共有四个主题课程。前三个课程的核心内容间存在递进关系；最后一个课程为本单位的整合课程，即总结课程。本学段强化了学生在第一学段的道德修养、个性发展完善和社会责任感方面的核心素质的训练，引领学生从家庭环境走向公共生活空间——班集体。经过一年的校园生活，学生能够对校园和班集体形成熟识感受，然而这个熟识感觉仅为学生对学校日常活动场地的物理空间的了解，而不能说明学生在社会活动空间的心理表现和状态，第二单元则通过丰富且形式多样的教学内容，让学生进一步认识班集体的含义，进而形成集体意识和规范，最后形成强烈的集体责任感。

四、教学分析

本课程既是学生活动课，也是单元的总结课程。教材第一课时的主题活动，体现了新课程标准中，学段目标内对一、二年级学生道德修养和健全人格的培养，教学活动则渗透着对学生责任意识的核心素养的培养。利用"装扮我们的教室"这一种经由观察、设计和活动而开展的综合性集体活动，通过整合前面三课的知识信息，可以提高学生的整体认识，加强他们的团队感和集体自豪感，并带动学生超越自我，学会以主体和全局的视角观察与提出问题，进入更广阔的公共世界。

五、作业全文

作业一：课前实践作业"我喜欢的教室"

1	想象画。可以画一间自己喜欢的教室，并画出你希望摆放的物品和物体的具体位置，与家人交流分享。
2	观察画。画一下自己喜欢的其他班级教室的样子，并和家人讲一讲你喜欢那间教室的什么地方。
3	收集图片。利用互联网或书籍等，找到喜欢的教室图片，并向家人介绍一下你喜欢的原因。

根据自己的情况，完成课前实践作业"我喜欢的教室"，选择表格任务栏中的一项任务完成，并在家中和家人交流、分享。

【布置意图】

本项目为上课前预备项目，可以充分调动学生的学习兴趣，以及他们参加课堂教学活动的积极性。根据新课程标准，第一学段健全学生人格的核心素养目标，强调"学生为本"，根据个体的生活实践开展教学活动，让学生选择自己喜欢的作业内容，尊重学生的个性发展，以激发学生的参与性，让学生乐于学习。

作业二：课中作业"最美教室评选"

以小组为单位，根据小组成员准备的图画作品或图片，结合作品主人的介绍，组内选出大家最喜欢的作品，并请作品的主人作为小组代表，参加全班范围的"最美教室"的评选。

【布置意图】

本活动是课中为装扮教室活动进行的准备和参考，可以让学生表达自己的感受，学习倾听他人的意见。让学生通过小组介绍，到班级评选，能够对学生进行适时的引导，让他们从更大的格局出发思考问题，学习整体布局。

六、完成标准

作业一：课前实践作业"我喜欢的教室"

评价内容	优秀	良好	合格
任务一	通过想象画出自己喜欢教室的轮廓和教室内摆放的物品，并能根据自己的画进行有条理的介绍。	结合自己的想象画出喜欢教室的样子，可以有条理地介绍自己画出的教室。	能用语言"画"出自己喜欢的教室，但是和画纸上的图画不一致。
任务二	通过观察画出自己喜欢教室的轮廓和教室内摆放的物品，并能根据自己的画进行有条理的介绍。	结合自己的观察画出喜欢教室的样子，可以有条理地介绍自己画出的教室。	能用语言"画"出自己喜欢的教室，但是和画纸上的图画不一致。
任务三	能够利用互联网或书籍等，找到喜欢教室的图片，并结合图片说明自己喜欢的原因。	能够收集喜欢教室的图片，并说出喜欢的原因。	能够收集教室图片，但是说不出喜欢的原因。

作业二：课中作业"最美教室评选"

每个小组先在组内选出本组认为最美教室的图画或图片，小组的代表再向班级展示和介绍自己小组选出的教室图画或图片，说明对于最美教室的理解。每次介绍结束，都由其他小组的同学进行投票，记录得票数。最后得票最多的作品评为"最美教室"。

七、评价效果

作业一：课前实践作业"我喜欢的教室"

课前实践作业的引导，激发了学生的学习主动性，让学生对教学活动的参与有了准备，从而调动了学生参与课堂活动的积极性。同时，为学生打开了视野，拓宽了思路。

作业二：课中作业"最美教室评选"

评选"最美教室"的过程，让学生有了把个体活动与整体活动联系起来的机会，可以将自我的行动与集体的生活结合在一起。教师在活动中能够及时对学生进行引导，使学生走出自我，走向更广阔的公共视野。

八、结果使用

作业一：课前实践作业"我喜欢的教室"

此次课前实践作业的布置，在面向全体学生的同时，充分考虑了学生的个体差异，采取了适合学情的分层次及选择性实践作业。通过课前的准备，课堂学习的过程中，学生更好地融入了装扮教室的任务，初步形成团结合作精神和创新能力。

作业二：课中作业"最美教室评选"

根据道德与法治学科特色，注重情境创设及思维发展，让学生有充分表达自己想法的机会，同时潜移默化地引导学生将自我的想法置于全班的生活中去考量。这激发了学生的主人翁意识、集体意识、合作意识，在合作探究、协商共创等方面都收到了很好的效果。

《绿豆苗的生长》作业设计

刘海波

作业主题：《绿豆苗的生长》出自教科版小学科学五年级下册《生物与环境》单元。

一、教学目标

科学概念目标：

1.空气是一种混合物质，氮气和氧气是空气的主要成分。

2.植物可以吸收阳光、空气和水分，并在绿色叶片中制造生存所需的养分。

科学探究目标：

1.设计绿豆芽生长需要阳光的实验方案，在控制变量的情况下对比观察并记录绿豆苗的生长状况。

2.通过探究实践活动，培养和提高学生的观察、思维、动手操作和记录的能力。

科学态度目标：

1.激发学生学习植物各部分生长结构与生活环境相互关系以及科学探究的兴趣；渗透学习要持之以恒的精神。

2.激发学生对大自然的热爱和珍爱生命、实事求是的思想品格。

科学、技术、社会与环境目标：

让学生认识到生物的形态结构、生活习性是同它们的生活环境相适应的。

二、学情分析

思维特征：

本学段（五年级）学生的思维，从具体思维向抽象逻辑思维过渡，但仍然是同直接与感性经验相联系，具有很大成分的具体形象性，有意记忆在不断发展，感知事物的目的性比较明确，精确性有所改善。

有一定的抽象概括、语言表达、分析能力；经过科学学习，他们的个人能力、思维方式都会提高和变化，心理趋向稳定，显示出一定的个性特征，个人能处理一些问题，自信心不断增强。

对植物的认知：

本学段的学生通过科学学习和平时的感知，了解了常见植物的名称及外形特点，以及植物的共同特征，能根据植物的生长环境和特征给植物合理的分类；学会了种植植物的方法，也掌握了植物的根、茎、叶、花等在生长过程中的作用，还了解和经历了植物的生长变化规律；知道植物的生长与周围的环境有关，需要适宜的温度，多数学生都认为植物的生长离不开土壤或者养料。

三、教材分析

在一年级《植物》和四年级《植物的生长》单元学习的基础上，本课是对植物学习的再认知，是对植物认识和学习技能上的递进和升华；学生经历了常见植物的特点—种植植物—植物的一生的生长变化探究过程。

在教科版小学科学五年级下册《生物与环境》单元，学生能学到自然界的生物与其生活环境的关系，每种生物的变化都会直接或间接地影响其他生物和非生物。

本单元共有七课时内容。前三课是绿豆这种植物与生存环境的关系，让学生了解绿豆的生存需要一定的非生命环境条件，如阳光、水和空气等，是递进式的学习探究过程。后四课是研究自然界的动植物的生存与环境的需求以及动植物之间的相互依存、影响关系；通过"制作生态瓶"学习探究活动，从而构建起"生态平衡"概念。

《绿豆苗的生长》一课，是《生物与环境》单元的第三课，与第一课和

第二课联系紧密，是在前两课的知识与技能方法的基础上的再认知，探究绿豆从出芽到长成苗的生长过程，研究绿豆苗生长变化与环境条件的关系。此课的学习方法和目标对后续的学习都起到铺垫作用。

四、教学分析

《绿豆苗的生长》一课，是典型的实践探究课，也是课内外相结合的课程；是从绿豆芽移植花盆到生长茎、叶变成绿豆苗至少要经历一周时间完成的过程性探究实验活动。

课上教给学生"绿豆苗的生长实验"的科学方法，组织学生设计绿豆苗生长的实验计划，按设计的计划去实验室探究，活动形式可以个人或分组完成；种植地点可以设置在班级窗台或科学实验室，也可以放在学生家中；每天及时做好观察记录，七天后，在课堂上进行绿豆苗成果展示汇报，分析数据，师生互评，得出科学解释。

五、作业全文

作业项目：绿豆苗的生长实验。

作业内容及要求：

1.从种植杯中取出6株绿豆芽，移植到2个装有一定量土壤的花盆中，每盆各放3株，放置地点、水分、温度、光照条件（尽量有光照）、花盆土壤土质、土量相同。（教师可以做适当的指导）

2.课堂小组合作设计绿豆苗生长是否需要阳光的实验计划（改变的条件是光照，其他的条件不变）。学生可以预设，有光和黑暗哪个绿豆苗生长得更好。

布置意图：上述是为作业具体实施和收集数据做前期的准备，用自己的绿豆芽直接培植绿豆苗，省时省力，可以有持续性的延伸；设计绿豆苗生长计划也是实验探究的理论基础和方向，可以培养学生的思维和聚焦知识的能力，具有基础性和科学性。

作业整体的提问或要求——完成教材第6页"绿豆苗生长是否需要阳光的实验记录表"。认真观察和记录绿豆苗的生长变化情况，把自己的发现和思考都记录下来；可采取多种方法去描述和记录，做到真实可信。

六、完成标准

能按分层作业的布置要求实施，符合绿豆苗生长的客观规律，对绿豆苗的生长变化有明确的认识；知识和技能都发展。

基本层作业：参与绿豆苗生长实验的学生都能完成绿豆苗生长是否需要阳光的实验记录表的各项记录，分别记录阳光和黑暗处绿豆苗的真实生长情况，两盆绿豆苗有不同的长势；实事求是、表述准确，能做合理的科学解释；切合绿豆苗生长实验计划。

发现层和创新层作业：部分学生在实验活动中，能用自己的方式描述和记录绿豆苗生长变化情况，两盆绿豆苗正常生长，能灵活机动地去观察和发现，有新发现和创新，记录项目多、科学准确；能对发现的问题进行深度探究、积极思考，研究解决问题。

七、效果评价

根据分层作业的完成标准，确定绿豆苗生长实验结果并进行分析和评价。可以按等级或小卡片个数的不同加以评价，同时加上激励性语言。

对基本层作业成果评价：

1.两盆绿豆苗都能成活，长势有一定的区别，观察记录比较准确。设为A等级或2个小卡片，加语言评价。

2.两盆绿豆苗都能成活，长势有一定的区别，观察记录不太准确或字迹较乱。设为B等级或1个小卡片，加语言评价。

对发现层和创新层作业成果评价：

1.两盆绿豆苗都能成活，长势较好，有一定区别，观察记录项目在3项以上，能采用多种不同的方式去描述绿豆苗的生长变化，并做科学解释，真实准确。设为A+等级，奖励创新卡片，并加激励评价语言。

2.两盆绿豆苗都能成活，长势较好，有一定区别，观察记录项目在3项以上，用文字的方式去描述绿豆苗的生长变化，并做科学解释，真实准确。设为A等级，奖励发现卡片，并加激励评价语言。

八、结果使用

研究绿豆苗生长与光的关系的事实验证依据，得出科学解释的有力证据。

此次作业是在学习"比较种子发芽实验"课上布置的，教师做了关于绿豆芽移植的指导，课后学生自行移植活动；明确了研究绿豆苗生长是否需要阳光的实验计划之后，课后展开绿豆苗生长的实验活动。

学生完成了绿豆苗的生长实验成果（两盆绿豆苗），并将相关实验观察记录表、照片及视频带到学校，在学习《绿豆苗的生长》一课时进行实验成果展示汇报，从而就此做分析和实验探究，展开科学评价；由学生结合观察记录介绍自己的绿豆苗生长情况，展开学生自评和生生互评，把观察记录单张贴到黑板上或墙壁上，绿豆苗放置在班级窗台上；教师再进行合理的评价，及时打等级或发奖励卡，激励学生的学习和探索热情。

全体学生集中完成了科学活动手册里的"绿豆苗生长是否需要阳光的实验记录表"，并选择了自己喜欢的方式（可以写、画、贴）；给予等级或奖励卡，激发了学生的学习积极性。

如果线上授课学习，绿豆苗的生长实验结果，观察记录数据、图片、视频等，可以通过网络直播展开互动交流、分析和评价。

《光是怎样传播的》作业设计

吕　妍

作业主题：《光是怎样传播的》出自科学五年级上册第一单元。

一、教学目标

培养学生科学的思维方法，使学生在日常生活中亲近科学、运用科学，让学生亲身经历科学探究的全过程，从中获得知识，体会科学探究的乐趣，逐步学会科学地看问题。

通过材料的选择发展学生观察和辨别不同材料的能力，通过实验过程的设计和实验现象的记录培养学生勇于探索和观察的能力，通过让学生利用网络或者书籍，培养学生独立思考的能力。

二、学情分析

通过4年的科学学习，大多数学生对科学课产生了浓厚的兴趣，对科学本质有了一定的了解。五年级学生已经有一定的科学素养，对实验课兴趣非常浓厚，但是在思维上，逻辑不够严谨，考虑问题不够周全。本节课的作业设计，先让学生查找有关光的成语和诗以及本节课的准备材料，提前让学生预习。成语和诗的展示可以作为导入部分，让学生领悟古代文学的美。实验材料的准备过程也是选择的过程，可以让学生根据生活中的现象和自己的知识储备来选择。本节课通过验证光是直线传播的探究活动，让学生经历发现问题、提出猜想和假设、制订计划、实验验证、收集证据、得出结论的科学探究过程，发展学生对科学的理解力、思维力等多方面的素养。

三、教材分析

本课是五年级上册《光》单元的第2课，重点是探究光是如何传播的。这个问题对于成人是基本常识，人们很早就通过对光照射下的物体和影子的观察，提出光是直线传播的。而本课想围绕着光是如何传播的这个问题，促使学生深入思考。本课经历提问、引导、发现、探究、提升的教学过程，以成语诗为载体，通过实验突破难点，想让每个学生都有独立思考的能力，从而让学生学到探究科学规律的本领。实验过程中，指导学生用观察、总结的思维方法，在小组合作中培养合作和探究的意识。课后的实践作业则主要巩固课上知识。

四、教学分析

本课为学生活动课，重点是探究光是如何传播的。这个问题对于成年人来说已不是什么疑问。北宋的沈括在《梦溪笔谈》中就记述了光的直线传播和小孔成像的实验。他首先观察到鸢在空中动，地面上的影子也跟着移动，移动的方向与鸢飞的方向一致。之后，他又在纸窗上开一小孔，使窗外飞鸢的影子呈现在室内的纸屏上。沈括用光的直进道理来解释所观察到的结果："鸢东则影西，鸢西则影东。"

本课也是基于这样的思路，先让学生从经验的角度出发，推测光的传播特点，再通过实验观察光行进的路线，并初步建立"光是直线传播的"这一核心概念。

本课要把科学课程的总目标落实到位，树立开放的教学观念，让探究成为科学学习的主要方式，同时把握小学生科学学习特点，因势利导，用丰富多彩的亲历活动充实教学过程。教师悉心地引导学生的科学学习活动，建立科学学习合作小组，让学生在相互交流、合作、帮助、研讨中学习；给学生提问和假设机会，并指导学生自己动手寻找证据进行验证，经过思维加工，自己得出结论，并把自己的认识用于解决问题的实践；充分运用各类课程资源和现代教育技术，组织指导科技兴趣小组，引导学生参加各类科技活动。

五、作业全文

课前预习作业（完成时长10分钟）：

1.查找两个有关光的成语或者诗。

2.准备本节课的实验材料。

课中实践作业（完成时长20分钟）：

设计出光是怎样传播的实验操作，在科学手册上记录下实验结果。

课后作业（二选一）（完成时长30分钟）：

1.思考还有哪些可以验证光沿直线传播的办法，可以写一写或者画一画记录下来。

2.查找资料，了解光沿直线传播在生活中的应用，写一篇小型的调查报告。

【设计意图】

1.注重学生原有的知识，让学生查找成语并准备实验材料。实验材料没有直接给出，可以让学生自主选择或者提前阅读查找书中给出的准备材料，让学生有一个预先的学习过程和选择过程。

2.实践作业的内容涵盖本节课所学知识点。结合生活实际和学生原有知识设计实践性作业，注重实验的探究性学习，让学生通过参与实践活动，体验学科特点，培养学生对科学探究的兴趣和观察记录、比较归纳的能力以及思维能力。

3.注重分层次联系。设计的题目由浅入深、由易到难。以巩固为主，学习了本节课的实验方法，在此基础上以提高为辅，检查学生对基础知识的掌握，使学生深入思考，探索验证实践活动的多种方式。通过查找网络资源和翻阅书籍，用调查报告的形式总结出调查结果，此类作业可以使学生增长见识、开阔视野、提高创新能力，实现对学生知识和能力的统一提升，全面实现学科素养的目标。

六、完成标准

课前作业完成标准	
学生的参与度	□全体参与　□大部分参与　□一半以上的同学参与
所带材料的情况	□全部　□大部分　□一半以上

课中实践作业完成标准
1.学生可以设计实验过程和完整记录实验现象。 □可以明确实验目的，按要求安全、熟练地进行实验操作； □了解实验方法，完成实验操作； □不懂实验目的，看其他同学操作。 2.能根据实验现象，总结出实验结论，解决本节课的重难点。 □可以准确地描述实验现象，并在科学手册上完整记录，书写工整、逻辑性强，根据实验现象得出正确的实验结论； □在科学手册上记录下实验现象，能根据自己的现象得出一个实验结论； □在科学手册上记录的现象描述不完全，可以得出一个实验结论。

课后作业完成标准
1.利用课上所学联系生活，可以列举出一到两种验证方法。 □记录一到两种合理的验证方法； □画出来一到两种合理的验证方法。 2.通过网络资源，查找所需的资料，有自主学习的能力。 □调查报告有科学依据、详细介绍和例子证实应用性和科学性； □只列举了有哪些应用，没有详细说明。

七、效果评价

1.让学生思考如何验证光是怎样传播的，准备实验材料，可以提升学生的学习兴趣。学生回家积极准备，基本能做到每个小组都带齐材料、分工协作。

2.课上的探究性实验作业，是让全体学生都有参与科学探究的机会。通过课前让学生自己设计实验方法，每个小组进行交流，然后进行实验操作，实验过程组内可以合理安排，设置操作人员、观察人员以及记录人员。动手操作可以使学生获得成就感，实验完毕，组和组之间交流实验结果，可以加深记忆。

3.针对学生个体差异，以贴近生活的原则，设置两个难度不大的课后作业，学生可以任选一个。很多学生选择了调查报告，整理记录查到的资料，并于下一节课进行交流。

八、结果使用

学生可以通过实验得出光是沿直线传播的。

此次课前准备实验材料的作业布置，在面向全体学生的同时，充分考虑了学生的个体差异，采取了适合学情的分层次及选择性实践作业。通过课前的准备，课堂学习的过程中，学生组成小团队，初步形成团结合作精神和创新能力。课中作业，有些学生自己设计的验证试验，可以作为科学小制作，课后的调查报告可以写成科学小论文。为此可以举办科技节，将学生的科学小制作、科学小论文等优秀科学作业进行展示和陈列，让学生长时间积累的科学作业来个大比拼，并设立相关奖项，最后在升旗仪式等全校性的集会上由校长为他们亲自颁奖，让学生获得优越感。

《四季童趣》作业设计

赵思聪

作业主题：《四季童趣》出自人民音乐出版社音乐三年级上册第六单元。

一、教学目标

单元学习目标：

1.通过聆听《雪花飞舞》《樱花》、演唱《四季童趣》《捉迷藏》，感受四季各个阶段丰富多彩的生活，表达对生活的热爱之情。

2.通过体验、聆听、感受等方法学习知识，能够认识齐唱并掌握它与合唱的区别。

在音乐中，大合唱是很有气势的一种声乐艺术表现形式。除了合唱，还有着轮唱、齐唱等方式。其中，合唱和齐唱的不同之处在于：

（1）定义不同。齐唱指的是两人以上的集体按照同一旋律演唱声乐作品的行为，也就是单声部的群唱。而合唱是指两人以上的集体演唱多声部音乐作品的艺术行为。

（2）形式不同。齐唱和合唱的相同之处在于都是两人以上。一般来说，齐唱是多人单声部的演唱，不需要指挥；而合唱是多人多声部的演唱，需要指挥。

（3）分工不同。齐唱是歌唱集体的所有人从头到尾都按照同一旋律演唱，因此不需要分工和分部分。但是合唱是集体中所有人有着明显的分工，因此要分部分，也就是分声部来演唱。

3.认识钢琴和长笛这两种乐器，掌握其音色特点和演奏姿势、方式等。

单元作业目标：

1.能够分辨出钢琴和长笛的音色，并模仿演奏这两种乐器的动作。

2.通过聆听能够正确地分辨出第六单元《四季童趣》当中的四首歌曲（《四季童趣》《捉迷藏》《樱花》《雪花飞舞》），做到旋律和歌曲能够一一对应，并了解不同国家、不同曲风的特点。

3.通过交流合作与创编，自选、自制打击乐器等方式，演一演、唱一唱、跳一跳，共同谱写关于四季的旋律。

二、学情分析

三年级学生思维敏捷，学习态度积极，接受新事物的能力比较强，对于新鲜书屋颇有兴趣。他们对音乐要素已经有了初步的了解和认知，能用正确的发声方式进行演唱。但对于音乐知识的掌握还不够多，分析歌曲和表现歌曲的能力还有待提高。本单元的教学应以演唱、欣赏歌曲为主，提高学生的音乐知识技能，让学生从演唱和欣赏当中感受四季的变换，在音乐中体会童年的乐趣。

三、教材分析

本课内容是人民音乐出版社小学音乐三年级上册第六单元的内容。按照《义务教育艺术课程标准（2022年版）》要求，在教学中教师要引导学生掌握以下内容：

通过欣赏与演唱掌握歌曲《雪花飞舞》《樱花》《四季童趣》《捉迷藏》四首歌曲。

四、教学分析

1.听赏与评述。

本课聆听作品选用了德彪西的钢琴曲《雪花飞舞》和日本民歌《樱花》。

《雪花飞舞》运用密集音型的快速流动和不断重复及其游离、模进，加之多变的音色，惟妙惟肖地模仿了漫天飞雪的景象。聆听该曲可以让学生进一步感受音的高低变化和速度、力度、音色等音乐要素的作用，同时培养他们根据音乐进行联想与想象的能力。《樱花》是为配合齐唱这一演唱形式选编的。教材用类比的方法安排了一首由长笛与乐队演奏的《樱花》，在比较学习中，让学生感受不同表现形式所表现出的不同效果，同时在聆听中感受不同人声的音色，认识钢琴和长笛这两种乐器，感受其音色特点，增进对音乐节拍的感知与体验，了解不同国家和民族的音乐风格。

2.演唱与合作表演。

本课的演唱歌曲是《四季童趣》和《捉迷藏》，要让学生在演唱中表现出天真活泼的童趣，演唱技巧的指导显得尤为重要。《四季童趣》的难点是第一句，带八分休止的后半拍起音及切分音对于三年级的小学生来说有一定的困难。因此，在课中作业"编创与活动"中安排了跟琴声模唱旋律的练习，在教师的指导下，通过模唱解决演唱技能上的难点。《捉迷藏》出现了大六度和纯五度音程，注意在歌曲中要重点进行模唱。

完成时长预设：15分钟。

五、作业全文

第一课时 《四季童趣》通过微信小程序布置作业（小程序为"蜜蜂作业"）

【作业内容】

亲爱的同学们，今天的音乐课大家上得都很认真，回家以后让我们一起来做个音乐小游戏，看看谁是"小贝多芬"，谁是"小莫扎特"，谁又是"小海顿"呢。快扫描屏幕上的二维码进入班级群，让我们一起开始吧！

1.贝多芬："同学们，听一听下面的两条旋律，在括号里填上对应的季节吧。"

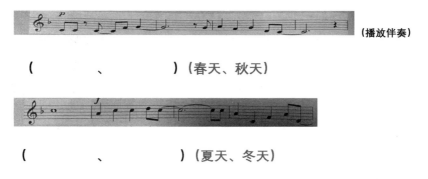

（播放伴奏）

（　　　　、　　　　　）（春天、秋天）

（　　　　、　　　　　）〔夏天、冬天〕

2.莫扎特："你们都很聪明，可是下面这些力度记号谁还记得呢？如果你答对了，就跟着音乐唱一唱，再次体会歌曲的情绪吧！可爱的同学们。"

$$p \quad f \quad mp \quad mf$$

（　）（　）（　）（　）

3.海顿："作为交响乐之父的我，想跟同学们一起律动，让我看看谁的节奏感最强，谁的动作最自然标准吧，记得拍下视频上传到群作业中！"（观看律动视频）

【设计意图】

通过微信小程序"蜜蜂作业"进行作业设计，能够简单、快捷、有效地掌握学生学习音乐知识的表现，让家长和孩子一起参与到课后作业中，拉近了与老师的距离，有利于"家校一体化"的发展，提高了学生对音乐的兴趣。音乐作为艺术课程，是对学生进行审美教育、情操教育、心灵教育，培养学生想象力和创造新思维的重要课程。通过布置作业，可以激发学生学习音乐的兴趣，在生活中体验和感受学习的乐趣。通过唱跳、律动表演等方式让学生自然地接触艺术的表现形式，感知艺术活动和作品中的艺术语言和形象，可以提升学生发现美、感知美的能力，丰富审美体验，提升审美乐趣。

六、完成标准

音乐达人：聆听旋律后能够准确填上对应的季节可解锁此成就。

知识达人：能够准确说出每种力度记号的名称与强弱关系，并能够用合适的强弱演唱歌曲解锁此成就。

律动达人：听音乐看视频，能节奏准确地跟上动作，并能够轻声哼唱可解锁此成就。

七、效果评价

解锁成就	是否达标	专属图标	学生自评	师评
音乐达人				
知识达人				
律动达人				

评价说明：本课时作业内容分为三项，解锁音乐达人可获得专属头像图标"贝多芬"；解锁知识达人可获得专属头像图标"莫扎特"；解锁律动达

人可获得专属头像图标"海顿"。每人最多可获得三个图标，同时获得三个图标的学生可额外奖励音乐大师"巴赫"图标一枚！

八、结果使用

1.单元质量检测作业内容。

"小演员"活动型提升作业（教学目标）：通过分组，（春、夏、秋、冬）进行情景音乐小短剧的表演，激发学生学习的热情，让学生亲身感受四季的变换。

"小工匠"创造型进阶作业（教学目标）（融合科学学科）：通过自制乐器、创编旋律节奏对歌曲进行创编，不仅要让学生掌握音乐知识，更要激发其创造发明的能力。

小百科：上网查阅还有哪些描写四季的管弦乐曲，并能做简单介绍。

2.完成单元质量检测作业属性表。

序号	类型	对应单元作业目标	对应学习能力	难度	来源	完成时间
1	小演员	1	中	中等	原创	8分钟
2	小工匠	2	高	较难	原创	15分钟
3	小百科	1	低	较易	原创	5分钟

3.使用环节说明与介绍。

（1）微信小程序搜索"蜜蜂作业"，登录后选择学科、学校。

（2）创建班级并分享二维码给学生家长，扫描后方可进入班级。

（3）开始布置作业。作业可通过拍照上传、语音、视频、文件等方式进行布置，教师可设置需要完成作业的班级、预计完成时间、上传截止时间，也可指定时间将作业发送给学生。

（4）批改作业可设置自动批改和手动批改两种方式。

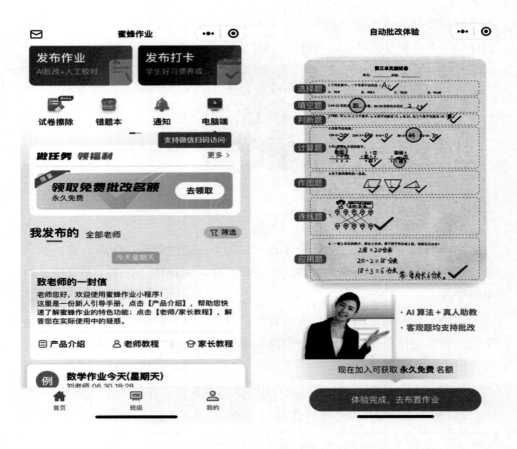

《四季的歌》作业设计

魏林娜

作业主题：《四季的歌》出自人民音乐出版社音乐三年级上册第六单元。

一、教学目标

1.单元教学目标与单元作业目标。

单元教学目标：

（1）能用活泼的声音有感情地演唱歌曲《四季童趣》，学习用不同的力度来更好地表现歌曲。

（2）准确流畅地唱好歌曲《捉迷藏》，感受出三拍子的律动感以及歌曲的情趣。

（3）能听辨齐唱形式的歌声，能对《樱花》的旋律特点和不同表现形式说出自己的感受和联想。

（4）能用动作感受和表现《雪花飞舞》中音的高低变化，并能根据音乐速度、力度、音色等特点，联想音乐表现的情景。

（5）能和同学合作进行以"春天的早晨"命题的声响创作，对音乐创作表现出兴趣。

单元作业目标：

（1）能用活泼的声音有感情地演唱歌曲《四季童趣》，学习用不同的力度和侗族来更好地表现歌曲。

（2）准确流畅地唱好歌曲《捉迷藏》，感受三拍子的律动感并用动作表演歌曲。

（3）能听辨齐唱形式的歌声，能对《樱花》的旋律特点和不同表现形式说出自己的感受和联想。

（4）能用动作感受和表现《雪花飞舞》中音的高低变化，并联想美丽景色画一画。

（5）自制打击乐器，并能根据音乐速度、力度、音色等特点和同学合作进行以"春天的早晨"命题的声响即兴伴奏。

2.课时教学目标与作业目标。

第一课时教学目标：

（1）用活泼轻快的声音准确演唱《捉迷藏》，体验歌曲拟人化的音乐形象及欢乐活泼的情绪。

（2）通过聆听、游戏、演唱、演奏、情境表演等实践活动，听辨三拍子的节奏，体会三拍子的力度变化，感受三拍子的律动感。

（3）欣赏长笛与乐队演奏的《樱花》，听辨歌曲街拍，感受日本乐曲的风格。

第一课时作业目标：

（1）能有感情、准确地演唱歌曲，感受三拍子的强弱规律，体验音乐形象及欢乐活泼的情绪。

（2）在音乐实践活动中，了解歌曲演唱形式齐唱，用优美的图画表现四季变化，分享交流愉快的感受。

（3）选择身边材料，自制打击乐器，探索自然界和日常生活中的各种声音及其在音高、音色、音区等方面的特点，尝试为春天即兴伴奏。

3.作业设计依据。

《义务教育艺术课程标准（2022年版）》围绕核心素养，体现课程性质，反映课程理念，确立课程目标，其核心在于弘扬真善美，塑造美好心灵，坚持以美育人，重视艺术体验，突出课程综合，主要包括审美感知、艺术表现、创意实践、文化理解等。它以艺术实践为基础，以学习任务为抓手，有机整合学习内容，构建了一体化的内容体系。

二、学情分析

分析标准	学情分析具体说明
知识前量	经过两年的音乐学习，学生已经能够听辨音的高低、长短、强弱，具备一定的审美能力和编创能力。
学生特点	三年级学生活泼好动，喜欢在游戏中学习，希望得到同伴的认可，在别人的评价中获得自信。
提升目标	能自信、自然地进行演唱、演奏、表演、音乐游戏等艺术活动，在音乐实践中交流与合作，能在探究、即兴表演和编创等艺术创造活动中展现个性和创意。

三、教材分析

大自然的四季变化给音乐创作带来了丰富的资源，也给孩子们带来了无限的乐趣。本课的四首作品表现了四季各个阶段的多彩生活，表达了少年儿童对生活的情趣与热爱。

钢琴独奏《雪花飞舞》是由法国作曲家德彪西创作，乐曲表现了孩子在冬日里凝视室外漫天飞舞的雪花，热切盼望春天早日来临的心情。

歌曲《四季童趣》是一首曲调欢快活泼、充满童趣的歌曲，它形象地表现了儿童们在一年四季中天真烂漫的欢乐情景，抒发了他们热爱生活的心情。

樱花是日本的国花，《樱花》这首民歌纯朴而生动地表现了日本人民珍爱樱花，趁三月春光结伴前往观赏的喜悦心情。器乐曲《樱花》是根据同名民歌的旋律改编的。

《捉迷藏》是一首曲调规整、旋律活泼又轻快的歌曲，包含自然科学知识。歌曲把春、夏、秋、冬四季的变化比拟成四个顽皮的小娃娃在玩捉迷藏游戏，生动地描述了四季娃娃"冬躲春天秋躲夏呀，你找我来我找他"玩游戏的情景，并通过"花丛""草帽""谷堆堆""棉褂褂"揭示了四季的特征，仿佛让人们还感觉到四季气候的变化。

四、教学分析

1.单元信息。

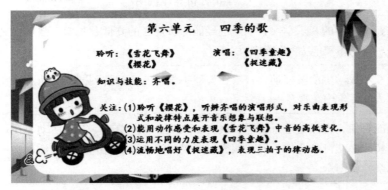

2.课时设计。

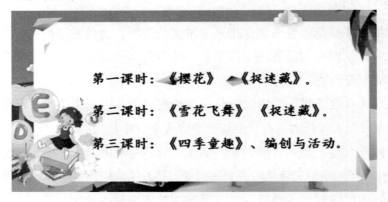

五、作业全文

【设计意图】

音乐作业是对音乐课程的延伸与开放，音乐作业的成功落实，在于把握好设计特点——少、精、活。音乐教育研究发现，音乐本身具有娱乐功能，"玩"音乐是更适合小学生的一种学习方式。在教学和作业中把感知的"玩"转化为思维的"玩"，就要通过教学策略的改变，让作业从单纯、没有目的的玩转化成能与学习结合、指向学习目标的"玩"，让孩子在快乐游戏中，乐于完成作业。歌曲《捉迷藏》演唱出一年的春夏秋冬，让我们一起玩一个飞行棋的游戏，从起点走到终点。哪一个颜色是你停留最多的，就来完成这个颜色所代表季节的作业。绿色是春天，红色是夏天，黄色是秋天，白色是冬天。

基础性作业	设计意图	预计时间
白色表示冬天，停留白色最多的同学，请为家长讲述一年四季的变化，说说三拍子的强弱规律，有感情地表演歌曲《捉迷藏》，并与家长共同寻找一首与冬天相关的歌曲或舞蹈，在下节课的四季音乐会上展示。	结合能有感情、准确地演唱歌曲，体验歌曲拟人化的音乐形象及欢乐活泼的情绪这一目标，让学生通过飞行棋的游戏过程，产生学习音乐的兴趣和自信心。同时，这组作业要求将歌曲中的四季变化转变为自己的语言向家长介绍，可以丰富学生的生活知识，增强歌词记忆。有感情地演唱歌曲，感受三拍子的强弱规律，是音乐课程的重要内容，也是学生易于接受并乐于参与的学习形式，对激发音乐兴趣、发展核心素养、愉悦身心等有着多方面的重要作用。	8分钟

综合性作业	设计意图	预计时间
红色表示夏天，停留红色最多的同学，请你为家长有感情地表演歌曲《捉迷藏》，讲一讲什么是齐唱的演唱形式，并邀请家长共同完成一幅夏天的图画，在下节课的四季音乐会上展示。 黄色表示秋天，停留黄色最多的同学，请你为家长有感情地演唱歌曲《捉迷藏》，讲一讲什么是齐唱的演唱形式，并邀请家长共同完成一幅秋天的图画，在下节课的四季音乐会上展示。	新课程标准将音乐与美术归入艺术课程，提出重视艺术体验，强调艺术课程的实践导向，使学生在以艺术体验为核心的多样化实践中，提高艺术素养和创造能力，以各艺术学科为主体，加强与其他艺术的融合，重视艺术与其他学科的联系，充分发挥协同育人功能，促进学生身心健康、全面发展。 通过综合性作业，可以帮助学生复习巩固歌曲，音乐知识齐唱与美术学科整合，丰富了学生审美体验，将音乐、美术、自然相融合，提高了学生综合探索与学习迁移能力。	15分钟

实践性作业	设计意图	预设时间
绿色表示春天，停留绿色最多的同学，请你用瓶罐、纸张、铅笔、格尺等自制打击乐器为歌曲伴奏。温馨提示：春天大自然的变化较多，有春雨、春风、春雷等很多声音。可以音高、力度、速度的不同做区分，用自制的打击乐器表现，并与家长共同寻找一首与春天相关的歌曲，为找到的歌曲加入自制打击乐器伴奏，在下节课的四季音乐会上展示。	适量的开放性、实践性作业，可以培养学生思维的灵活性与创造性，使学生初步养成独立思考、探究的学习习惯。基于这样的思考，设计了这道实践性作业。学生在自制打击乐器的时候，可以探索自然界和日常生活中的各种声音及其在音高、音色、音区等方面的特点，选择身边的材料，自制简易乐器，尝试演奏。	25分钟

创新性作业	设计意图	预设时间
请用自己喜欢的方式，如演奏乐器、舞蹈、歌唱表演等形式，表现三拍子歌曲。可以是三拍子表现春、夏、秋、冬的乐曲、舞蹈等，也可以邀请家长共同合作参与表演并录制视频，在下节课的四季音乐会上展示，并由同学们评比出最佳创新节目5个。	音乐课不仅要培养学生感受音乐、鉴赏音乐、表现音乐的能力，还要培养学生创造美的能力。创新性作业，帮助学生在快乐中享受艺术课程，如游戏中"玩"音乐、表演中"玩"音乐、竞赛中"玩"音乐、乐器中"玩"音乐等。在完成作业的同时，要让学生分辨三拍子及复习三拍子的强弱规律，给学生展示自我的机会，体现核心素养落实点：审美感知、艺术表现、创意实践、文化理解。	此题为自选作业，学生结合实际情况自愿完成挑战！

六、完成标准

模块	完成标准
基础性作业	学生在预定时间内完成基础性作业，能完整演唱歌曲，通过MP4提交演唱视频，并在下节课四季音乐会播放寻找到的与冬天相关的歌曲或舞蹈。
综合性作业	学生在预定时间内完成综合性作业，能有感情地准确演唱歌曲，通过MP4提交演唱视频，并用画笔简单画出夏季或者秋季的美景，在下节课的四季音乐会上展示给同学们观看。
实践性作业	学生可以发现自然界和生活中一些有规律或有特点的声音，自制简单打击乐器为歌曲伴奏，通过MP4提交演唱视频，在下节课的四季音乐会上，带好自制的打击乐器，一起为更多歌曲伴奏。
创新性作业	音乐课不仅要培养学生感受音乐、鉴赏音乐、表现音乐的能力，还要培养学生创新的能力。学生可以用自己喜欢的方式完成，也可以邀请家长共同参与表演，录制视频，在下节课的四季音乐会上，师生共同欣赏。

七、效果评价

项目	评价标准	奖励	自评	师评	生生互评
星星宝	有感情地准确演唱歌曲,并寻找一首与冬天相关的歌曲或舞蹈。	✱✱✱✱✱			
	演唱歌曲,并寻找一首与冬天相关的歌曲或舞蹈。	✱✱✱✱			
月亮宝	有感情地准确演唱歌曲,并画出一幅夏天(秋天)的美丽图画。	✱✱✱✱✱			
	演唱歌曲并画一幅夏天(秋天)的图画。	✱✱✱✱			
太阳宝	自制多种打击乐器,并准确为歌曲伴奏。	✱✱✱✱✱			
	自制打击乐器,并为歌曲伴奏。	✱✱✱✱			
艺术小达人	选择喜欢的方式参与音乐表现中。	✱✱✱✱✱			

八、结果使用

板块	预设效果	结果使用
基础性作业	95%的学生在预定时间内能够与家长共同完成,并上传视频。5%的同学完成作业,但因为一些原因,没有上传视频。	学生对歌曲中四季的变化掌握较好,并通过变化迅速记住歌词,掌握三拍子强弱规律。
综合性作业	90%的学生在预定时间内能够与家长共同完成,并上传视频。5%的同学完成作业,但因为一些原因,没有上传视频。5%的同学没有完成绘画。	学生能够有感情地演唱歌曲,并与家长合作感受齐唱歌曲的演唱形式。
实践性作业	90%的学生在预定时间内完成自制打击乐器,并上传为歌曲伴奏的视频。5%的同学完成作业,但因为一些原因,没有上传视频。5%的同学没有完成自制打击乐器。	学生能够自制1件或多件打击乐器,探索自然界和日常生活中的各种声音及其在音高、音色、音区等方面的特点。
创新性作业	此作业为开放性、表演性作业,通过尝试创新性作业,培养学生展示自我、突破自我的习惯,体现了音乐教学中学生的主体地位。	给学生展示自我的机会,体现核心素养落实点:审美感知、艺术表现、创意实践、文化理解。

《我设计的手提袋》作业设计

高 蕾

作业主题：《我设计的手提袋》出自苏少版美术三年级上册第16课。

一、教学目标

学习目标	作业目标	落实核心素养点
了解手提袋设计的美感和情趣。认识不同式样、材质的手提袋，了解手提袋的制作方法。	能根据教师提出的主题，选择适合自己的方式与方法，收集整理手提袋的资料，并尝试分析手提袋的式样与材质，感受不同设计的手提袋的美感与情趣。	课前作业 审美感知、文化理解
运用画画、剪剪、贴贴等方法设计、制作手提袋。在欣赏、分析、对比探究活动的过程中，注重巧妙的创意，运用多种表现形式和设计元素完成具有观赏性、创意性的手提袋设计。提高学生的审美能力和想象能力。	了解手提袋的组成部分及设计方法，能够根据主题内容，运用文字、图形、色彩等元素，用自己喜欢的方式设计或制作实用、美观、新颖的不同样式、不同材质的手提袋。	课中作业 艺术表现、创意实践
让学生了解生活用品可以制作得美丽且有情趣，有改善生活与环境的作用。生活用品的设计体现了人类的智慧，"学以致用"，提高学生艺术设计的理念。	在实践中依据不同学生、不同材料进行分析，满足学生的成就心理，在好玩的展评过程中提升学生的审美能力、交流能力、评价能力及探究美术与生活之间关系的能力，学会"学以致用"。	课中作业 审美感知、文化理解

二、学情分析

三年级是从低年级向高年级的过渡学年，是小学阶段非常重要的一个阶段。这个学段的学生不满足于平面造型的创作，有非常强烈的表现欲望，追求有趣味的设计内容，向往尝试各种能够表达个人情感的表现方法。不过，他们的动手能力还稍有欠缺，往往眼高手低。本节课的立体造型手提袋设计对他们来说还是具有一定难度的。因此，在设计本节课的作业活动时，要充分考虑每个孩子已有的知识水平，从他们的实际情况出发，分层次设计具有趣味性、可行性的作业，使不同层次水平的学生都能够学有所获、学有所得。

三、教材分析

本课属于"设计·应用"领域的课程。教学内容的选择贴近学生的生活实际，又联系社会。课程内容具有趣味性及应用性，能使学生始终保持学习的浓厚兴趣和创造欲望。手提袋不仅是现代人们生活中不可缺少的日常用品，更起到美化生活、增添生活情趣的作用。课前对学生进行导学作业的提示，让学生对身边经常接触和看到的，博物馆、网络等渠道出现的手提袋进行资料收集，通过大量的欣赏和实践，对手提袋设计的一些基本要素、方法和规律有基本的了解，再通过教师课堂的教学引导，逐步提高学生对生活物品和自己周边环境的审美评价能力，激发其美化生活的愿望。最后再通过课内作业引导学生利用掌握到的手提袋基本制作方法，"巧"创意，完成有趣、美观、惹人喜爱又实用的手提袋作业，形成基本美术素养。

四、教学分析

《义务教育艺术课程标准（2022年版）》中提出艺术课程要紧紧围绕核心素养展开，使学生通过课程学习逐步形成适应个人终身发展和社会发展需要的正确价值观、必备品格和关键能力。艺术课程要培养的核心素养主要包括审美感知、艺术表现、创意实践和文化理解等，主要是培养学生的兴趣，建立合作关系，形成良好的解决问题的能力。要引导学生将所学知识灵活运用，通过创作的过程去调动学习积极性，最终创造出美术成果，提高美术素养。为了更好地突出重点、突破难点，实现教学目标，要在教学中侧重于体验过程，针对学生年龄心理特点和认知规律，着重于创设富有生活气息的情境，引导学生发现、感悟、创造，唤起学生对美的追求。引导学生体验各种活动，进行自主、合作、探究性学习，通过技能评价，引导学生积极互动，体会创作的快乐，从而获得知识，发展创新能力。

五、作业全文

教师提前布置导学作业：（选做）

（1）可以对身边的各种手提袋进行调研，拍摄图片或手绘积累素材，并尝试分析手提袋的基本结构、材质和制作方法。

（2）去博物馆或通过网络查找有关手提袋的资料，思考手提袋的设计是以实用为主好还是以美观、设计独特为好，试着记下自己的观点，和同学们进行交流。

课内实践作业：（必做）

根据自己喜爱的主题，选用适合的材料设计和制作新颖、实用、美观的手提袋。

【小提示】

（1）可以在基础实用型手提袋、展示型手提袋、独具创意型手提袋等种类的手提袋品种中选择适合自己或自己喜欢的形式进行表现。

（2）可以选用自己喜欢的绘画或者手工的方式进行创作。

（3）作品尺寸无限制，可以自己设计，也可以利用已有手工袋进行改装。

【作业步骤】

教师组织引导学生探究基本型手提袋示意图，明确制作方法。

（1）选材构图：

A.尝试使用艺术字体勾勒主题文字，注意图形、色彩和字体要与手提袋主题相协调。

B.思考尝试怎样设计更有创意、更美观、更实用。

（2）用绘画或剪贴的方式表现主题。

（3）根据主题内容制作。

拓展作业：（选做）

2008年6月1日，我国开始"限塑"；国际大牌多次抄袭我国文化遗产。

同学们对于这样的新闻有什么感想？面对这些，你觉得未来的手提袋应该如何设计与发展？能试着谈一谈你的思考吗？

【作业布置意图】

了解手提袋的组成部分，完成基础型作业的学生能够运用文字、图形和色彩等设计元素设计实用、美观的手提袋，学有余力的学生在完成基础型作业的前提下尝试使用更多设计元素设计更有创意、更加新颖的手提袋。

（1）以辩论赛的方式展开辩论，手提袋实用重要还是美观重要？实际上，这两点就是手提袋制作的要点。学生的交流探讨引起学生对设计手提袋的兴趣和设计创作热情。

（2）引导学生展开大胆联想，创作出适合自己的手提袋。

（3）课前的导学作业，鼓励学生多了解、多查阅有关手提袋的历史、背景、文化，了解手提袋设计的基本要素，学习表现方法，掌握设计原理。学生通过阅读、分析、思考大量的资料，能够潜移默化地提高设计意识和审美能力，生成关注身边事物和热爱生活的情感，同时进一步提高运用所学技能、技法为社会服务的能力。

六、完成标准

评价项目	评价指标	完成水平
导学作业（选做）	能够选择适合自己的资料收集方式收集资料，用拍摄或手绘等方法了解手提袋的基本结构、材质和制作方法。思考手提袋的设计实用与美观的关系，能将自己所收集的信息整合成自己的思考与同学们进行交流。	A优秀
	能够选择适合自己的资料收集方式收集资料，并对本节课要探究的手提袋进行思考分析，理解手提袋设计的基本结构、材质和制作方法。	B良好
	能够选择适合自己的资料收集方式收集资料，并对本节课要探究的手提袋进行思考分析。	C合格

评价项目	评价指标	完成水平
课内实践作业（必做）	能用绘画或者手工的方式创作基础实用型、展示型、独具创意型等多种种类的手提袋，或利用已有的手提袋进行改装。巧妙应用学过的美术知识和各种元素进行独具特色的创意。	A优秀
	能用绘画或者手工的方式创作基础实用型、展示型、独具创意型等多种种类的手提袋，或利用已有的手工袋进行改装，表达自己的创意。	B良好
	能用绘画或者手工的方式创作手提袋，表达自己的想法。	C合格
拓展作业（选做）	对手提袋有较高的思考，对手提袋未来的发展有明确思路。	A优秀
	对手提袋有思考，有自己的想法。	B良好
	对手提袋有一点想法。	C合格

七、效果评价

手提袋学生时常接触，但往往不会太在意细节。

生活即艺术。课程紧紧围绕生活实际展开，使学生倍感亲切，激发了学生对美术学习的兴趣；注重培养学生观察的方法，让其自主概括出手提袋的组成部分，并在直观感知的基础上，进一步了解手提袋的材质及装饰题材，打开学生思路，使学生对手提袋有一个更广泛的认识；鼓励学生设计制作有独特创意的手提袋，拓宽他们的设计思路。课程一环套一环地激励学生动脑，激发学生的发散思维，这是"设计·应用"课型的一个理念。它同时提供给学生一种思维方式，犹如在学生爬山路上给了他们一根拐杖，让他们学习得脚踏实地，收获更多。在实践阶段，教师依据不同学生、不同材料提出好的建议，使不同水平的学生都可以通过选择适合自己的创意形式完成个人成果，不仅使制作的手提袋更加完美，而且有助于学生美术技能的提高。

总的来说，本节课创设的作业内容与形式，都取得了预期效果，呈现出比较好的效果。

八、结果使用

教者若有心，学者必得益。设计作业，是一种艺术，更是一种创新。作业内容整合、分层创新，着眼于学生学习能力和综合素质教育的提高，创新学科作业布置的内容，旨在面向全体学生，探究解决本课重难点，体验美术学习活动的乐趣。这种分层次和递阶式作业，涵盖基础作业的知识技能与自主学习意识、实践性作业的动手能力与探究学习意识，这都是"双减"政策下我们探究的新课题。

在小学美术教学中，美术作业的设计还需要更多的思考、探究与实践。作为教师的我们，更要积极地去探究优化美术作业设计的方式与方法，发挥美术教学的魅力，培养学生的核心素养，为学生的未来发展打下扎实的基础。

《我设计的服饰》作业设计

杨 薇

作业主题:《我设计的服饰》出自苏少版美术三年级上册第4课。

一、教学目标

	学习目标	作业目标	水平层级
1	通过欣赏让学生初步了解我国古代服装的发展,引导学生观赏各地区、各民族、各时代的服饰,让学生了解风土人情,培养学生热爱祖国、保护文化遗产的思想感情。	通过查找、收集有关服饰发展、设计方面的知识的资料进行探究性学习,培养学生发现问题、解决问题的能力。	了解
2	让学生了解服装设计的基本知识,通过设计服饰体验美的不同形式,发展想象力和创造力,进一步提高对美的鉴赏能力。	通过亲身体验设计服装的乐趣,丰富校园生活,培养创新精神和实践能力。	了解
3	让学生了解基本的制作技巧,利用身边的各种废旧材料进行制作并表演,感受服装设计之美。	通过设计服饰来表达自己的个性。将服装设计与音乐表演、现实生活、历史背景等相联系。	理解运用
4	通过制作激发学生学习服饰设计的兴趣,给学生创造表现美、创造美的条件,让学生认识到废旧材料再使用的价值,增强环保意识。	利用废旧物品设计服饰,增强环保意识。	理解

二、学情分析

三年级的孩子求知欲旺盛，身体发育迅速，开始有自己的主见，自我意识占主导地位，开始关注自我，并且思维能力开始转向逻辑思维，可以进行比较复杂的分析。他们积极做事，什么都想参与，什么都愿意听一听、看一看、试一试，但又缺乏耐心，需要引导和激发他们的艺术兴趣。《我设计的服饰》作为很好的媒介，可以让孩子们在实践中探索创新，培养他们耐心、细致的良好习惯，从而体会合作探究带来的愉快。

三、教材分析

本课属于"造型·表现"及"设计·应用"领域的学习内容，以丰富多彩的美术活动为主线，兼顾学生个性的发展和知识技能的学习两方面的需要，鼓励学生快乐地学、主动地创造。亲手设计制作环保服饰并进行即兴表演，可以让学生在尽兴"做"和"玩"的学习活动中，充分体验艺术创造的无穷魅力，感受到成功的愉悦。

四、教学分析

本课的教学内容是设计风格化的服饰，并用身边的废旧物品（如碎布、废旧纸盒、彩纸、绳、线、塑料等材料），以缠线、捆扎、编织、折贴等方法，在同学身上进行立体设计，培养学生的动手能力、创新能力和审美能力。

五、作业设计全文与设计意图

作业1：课前作业

①作业内容：课前学生通过各种途径搜集有关服饰历史、服饰发展以及各地区、各民族、各时代的服饰特点等资料。

②作业设计意图：有关服饰的资料繁多，为了指导、帮助学生搜集和整理资料，课前对学生进行分组，有目的地指导学生围绕本课主题提出疑问，并将问题整理归类，小组自主选择一个问题有目的地搜集、整理有价值的视频、图片和资料。这不但可以激发学生自主学习的兴趣，而且能大大拓展学生的视野，有效提高学生的学习效率与能力。

③作业建议：指导学生可以通过网络、书籍、电影、电视等各种渠道查找资料。

④作业评价量表：

评价标准	评价等级
小组成员分工明确，组员全员参与活动，自主选择途径和方法，搜集并整理关于服饰的资料内容，使用价值高。	优秀
小组成员有分工，搜集并整理相关资料。	良好
小组成员能够搜集相关资料。	合格

作业2：导学探究作业

①作业内容：小组成员组内展示视频、图片、文字资料（通过合作→探究→汇报展示，解决同学提出的问题）。

②作业设计意图：学生是学习和发展的主体，导学探究作业倡导自主、合作、探究的学习方式。在课堂中要积极鼓励学生围绕主题大胆提出自己感兴趣的问题，并能结合课外资料的搜集，大胆探索、解决问题。汇报展示环节有利于学生的语言运用与表达，很大程度上促进了学生综合能力的发展。

③作业建议：学生良好的搜集资料习惯与能力的培养需要教师长期引导、用心研究、不断修正。

④作业评价量表：

评价标准（小组）	评价等级
组长合理分工，调动组员参与积极性。 小组讨论热烈，组员相互激励、相互启发，参与性高。 汇报展示的内容紧紧围绕主题，重新组合资料，资料重点突出、价值高，叙述清晰、简洁。	优秀
组长明确分工，组员全员参与。 小组积极讨论、共同探究。 展示主题鲜明，表达清晰。	良好
组员有分工、有合作。 小组组员参与讨论。 汇报展示内容清晰、流畅。	合格

作业3：实践性、跨学科作业

①作业内容：组内选一名模特，组员分工合作，利用身边的废旧材料给本组模特设计一款新奇别致的服饰。举办一个"环保服饰展示大赛"，选出最佳创意奖、最佳色彩奖、最佳表演奖、最佳合作奖。

②作业设计意图：学生对模特衣饰进行有针对性的设计，进行服饰展示表演，伴以轻松、节奏强的音乐，既可以活跃课堂气氛，还可以通过学生的亲身参与激发他们学习的积极性，从而体验成功的喜悦。设置多维度比赛奖项，通过小组互评增强学生对美的鉴赏能力。此项作业设计把美术学科与音乐学科要素结合在一起，体现了新课程标准中艺术课程的特点，解决了教学中的难点。

③作业建议：课前了解学情，针对动手能力、参与活动积极性等不同的各层次学生均衡分配小组，满足学生个性化学习需求，让每个学生都能在小组合作中体验成功的快乐。

④作业评价量表：

奖项	评价标准
最佳创意奖	废旧物品的利用合理，搭配有创意，能够充分体现设计环保主题及理念。服装与饰品搭配和谐，富有创新意识和设计美感。
最佳色彩奖	具有鲜明的色彩感染力和冲击力，能利用身边随手可得的材料合理搭配，突出新颖独特、有个性的特点。
最佳表演奖	表情丰富，具有亲和力和表现力。动作活泼、自然、大方得体，感染力强。
最佳合作奖	小组合作完成，分工明确，全员参与，整体效果好，感染力强。

作业4：拓展作业

①作业内容（二选一）：

A.请同学们课后寻找和发现生活中还有哪些材料可以制作服饰并尝试制作。

B.请同学们课后寻找和发现生活中还有哪些废旧材料可以制作装饰品美化我们的生活环境。

②作业设计意图：开放性的拓展作业可以让学生进一步体会到美术和生活的紧密联系，感受艺术创作的乐趣。

③作业建议：可以在校园内为学生提供一个展示拓展作业的舞台，激发学生的创作热情。

六、完成标准

作业设计学生完成标准详见作业全文中的每个作业评价量表。

我在《我设计的服饰》一课中对各项指标的完成情况见下表。

完成指标	完成情况
基础性	通过作业1和作业2设计，在教师的指导下，课前学生根据本课主题提出想要解决的问题，自主搜集资料、整理资料，课堂中小组探究、讨论、汇报资料，解决提出的问题。作业设计指向教学目标和教学重点。
科学性	作业3设计思想符合新课程标准把美术、音乐学科整合为艺术课程的理念。教学目标、学情分析、作业设计意图等环节完整。
适切性	契合学生年龄特点，针对不同层次学生，以小组合作为主体的方式，使每个学生都能在作业活动中积极参与，发挥各自的特长，享受成功的喜悦。作业4拓展作业针对学生的不同兴趣方向，设计了2个不同的作业选项，让学生自主选择完成。
激励性	每项作业都设计了评价量表，通过教师口头激励，服饰大赛的奖项激励，培养学生的学习兴趣，激发学生的学习与探索需求。
创新性	作业设计灵活多样，通过课前作业、导学探究性作业、实践性作业、课后拓展作业，引导学生进行由浅入深的思考，多方位地解决教学重难点。

七、效果评价

作业1：学生通过搜集资料直接接触了大量文史材料，增强了主动探究、团结合作、勇于创新的信心，全面提高了文学素养。所以我们不仅要立足教材，更要千方百计地利用教材中提供的契机进行实践活动，将课堂延伸到课外，激发学生搜集资料、利用资料的兴趣。教学中教师要给予学生及时、恰当的评价，以此来激发他们搜集资料的积极性。同时，评价不仅要关注资料的质量，还要关注学生参与的态度。

作业2：提高学生整理和有效运用材料的能力。通过汇报交流，提高了学生的表达能力，开阔了学生视野，让学生了解了有关服饰设计的更多信息，拓宽了创作思路。

作业3：通过环保服饰设计大赛活动，不仅提高了学生的动手操作和创新能力，同时丰富了学生情感，使他们感受到了服饰设计表演带来的乐趣。

八、结果使用

美术作业是审视学生艺术技能和艺术素养的重要平台。通过美术活动反思课堂教学成果，可以及时调整自己的美术教学思维，提高学生的艺术素养。因此，如果美术教学要达到促进学生综合素质发展的目的，就必须从学生的美术作业设计入手，把美术作业设计作为提高学生艺术素质的重要手段。

为了让学生尽可能地在轻松的氛围中创造性地完成美术作业，以发挥美术学习的主动性，我从以下几个方面入手。

1.作业设计自主化，培养创新能力。

根据不同层次的学生设计小组合作共同完成的作业，以及根据学生能力、兴趣设计，自主选择性的作业等。

2.作业设计趣味化，激发创作热情。

创造有趣的模拟情景，如"环保服饰设计大赛"，让学生有机会将课堂练习转化为个人生活体验，使学生的思维与有趣的美术活动融合碰撞，从而产生很多有趣的作品。

美术作品不仅能培养学生的技能，也是培养学生的艺术修养的途径。因此，在美术课堂教学中，要充分利用美术作业设计环节，培养学生的观察和思维能力，提高学生的艺术感知力，提高学生的美学素养，让每个学生都能不断发挥想象力，轻松愉快地学习。

《原地运球》作业设计

车　宇

作业主题：《原地运球》出自体育与健康三、四年级全一册第六单元。

指导思想：依托《义务教育体育与健康课程标准（2022年版）》，坚持"健康第一"，落实"教会、勤练、常赛"，注重一体化设计，落实核心素养立意。作业是保证课程改革成功的关键领域，是落实"双减"政策的核心抓手，是提高学校教育质量的重要载体，是促进学生学会学习的必要途径。本课以"原地运球"为主要内容，包含各种发展篮球运动能力的练习与游戏，同时，以学生为本，培养学生积极进取、顽强拼搏、团结协作的精神。

一、教学目标

1.认知目标：能够说出小篮球的动作名称及术语。

2.技能目标：初步掌握小篮球原地运球的动作方法，并能够在游戏和比赛中运用。

3.体能目标：发展速度、力量、灵敏、协调等身体素质和对球的感知能力。

4.情感目标：表现出对小篮球学习、游戏及比赛的兴趣，在学习、游戏和比赛中能够与同伴友好相处，遵守规则，初步具有勇于克服困难的优秀品质。

二、学情分析

小学三年级的学生活泼好动且模仿能力强，但注意力不够集中，团队意识不够。可以采用分组练习的方式进行学练，并且要在教学中突出趣味性，促使学生在玩中学，充分调动学生的积极性，从而实现本节课的学习目标。

三、教材分析

本课是水平一小篮球教学内容基础上的发展和提高，是本单元第一次课，强调手指和球的接触部位，按拍时随球和迎球动作，手指、手腕按拍篮球动作协调。本课精选发展篮球运球能力的练习与游戏，符合三年级学生身心发育特点，有利于提高学生对球的感知和支配等能力，能够培养学生良好的精神品质，激发学生主动、积极参与学练。教学实施中，搭配相关体能练习，促进学生全面发展。

四、本单元/课时教学分析

（一）单元教学分析

本单元计划四次课学习原地运球的基本动作，使80％的学生得以掌握，另20％的学生基本掌握。本单元重点发展学生对球的感知和支配能力，培养学生的优良品质。

本单元的教学重点是使学生做到手指与球的接触部位正确，按拍时有随球与迎球的动作；教学难点是手指、手腕按拍球的动作协调。通过课堂教学活动设计和体育作业的设计与实施来突破教学的重、难点。

本单元评价要素：

1.能够说出小篮球的动作名称及术语。

2.初步掌握小篮球原地运球的动作方法，并能够在游戏和比赛中运用。

3.体能目标：发展速度、力量、灵敏、协调等身体素质和对球体的感知能力。

4.情感目标：表现出对小篮球学习、游戏及比赛的兴趣，在学习、游戏和比赛中能够与同伴友好相处，遵守规则，初步具有勇于克服困难的优秀品质。

（二）课时教学分析

第一次课的教学目标是学习原地运球动作方法，使80％学生掌握手指、手腕按拍篮球的动作方法，为下一步学习打好基础。通过课堂活动设计和课后体育作业设计，突破教学重、难点。

五、作业全文

作业周期：

以一个单元教学为周期（暂定两周）。

作业内容：

（1）基本运动项。

三年级基本运动项为身体素质练习、跳绳。

跳绳是全身性的健身运动，有助于提高学生的身体素质、反应及心肺功能。根据教材内容，每周四项内容（一分钟前单摇、一分钟后单摇、前后编花跳、前后连二跳绳）。根据个人情况选择时间完成，每天跳绳锻炼时长不少于15分钟。

日期/内容	一分钟前单摇	一分钟后单摇	前后编花跳	前后连二跳
星期一				
星期二				
星期三				
星期四				
星期五				
星期六				
星期日				

（2）专项技能练习。

本单元专项技能作业：小篮球原地运球。

具体安排：

时间	内容
第一周	原地高运球（左、右手） 原地低运球（左、右手） 原地双手交替运球
第二周	原地双手同时运球 能熟练掌握的同学尝试：原地单手体前横拉球（左、右手） 原地单手体侧前后拉球（左、右手）

预习作业

（1）投球入筐游戏。

（2）搜索资料观看篮球比赛。

 第一次课课后作业

1.基本运动项目：跳绳。

前单摇，每组一分钟，不少于三组。

一分钟后单摇、前后编花跳、前后连二跳绳三种内容任选其一。

2.专项技能"原地运球"。

（1）复习课堂所学专项准备活动"肩关节运动"等热身活动。

（2）原地高运球（左、右手）。

（3）原地低运球（左、右手）。

（4）原地双手交替运球。

（5）随音乐做放松活动。

 第二次课课后作业

1.基本运动项目：跳绳。

（1）前单摇，每组一分钟，不少于三组。

（2）一分钟后单摇、前后编花跳、前后连二跳绳三种内容任选其一。

2.专项技能"原地运球"。

（1）复习课堂所学专项准备活动"肩关节运动"等热身活动。

（2）复习原地高、低运球（左、右手）、原地双手交替运球。

（3）原地双手同时运球。

（4）挑战项目：原地单手体前横拉球（左、右手）。

原地单手体侧前后拉球（左、右手）。

（5）随音乐做放松活动。

作业布置意图：

根据《义务教育体育与健康课程标准（2022年版）》、人民教育出版社《体育与健康》一书和学生年龄特点，将作业分为基本运动、专项技能、自选项，作业形式分为掌握型、提高型、自选型，并分别给出了相应的要求及监督管理制度。

强调核心素养立意，关注单元作业设计，注重作业结果应用。

实现"主题化"，实现"结构化"，实现"一体化"。

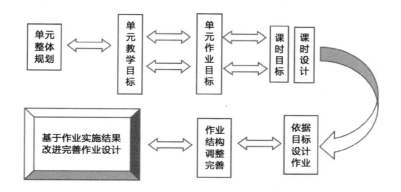

六、完成标准

1.跳绳。

优秀：每周四种内容均有练习；一分钟前单摇125次以上。

良好：每周练习内容不少于三种；一分钟前单摇110次以上。

及格：每周练习内容不少于两种；一分钟前单摇95次以上。

2.原地高运球（左、右手）。

优秀：一分钟120次以上。

良好：一分钟100次以上。

及格：一分钟80次以上。

3.原地低运球（左、右手）。

优秀：一分钟130次以上。

良好：一分钟110次以上。

及格：一分钟90次以上。

4.原地双手同时运球。

优秀：一分钟110次以上。

良好：一分钟100次以上。

及格：一分钟90次以上。

5.原地双手交替运球。

优秀：一分钟110次以上。

良好：一分钟100次以上。

及格：一分钟90次以上。

七、效果评价

（一）作业监督、检查与反馈

作业监督： 主要由家长负责。首先家长应增强意识，从思想上认识到体育作业的重要性，然后积极配合体育教师督促学生完成体育家庭作业。

作业检查：由体育教师完成。依托天天跳绳等软件，检查学生完成体育作业情况。举办课堂小比赛、自选项目展示等展示学生完成作业的质量。

作业反馈：旨在指导学生学习、检查学生完成作业效果、调整作业方案。教师根据作业检查情况，并结合学生个体差异，对完成作业优秀的学生给予表扬，个别完成体育作业不理想的同学，采取单独谈话、辅导。

（二）效果评价

1.基本技能项目作业效果评价。

对学生的基本技能项目进行前测后测，分析数据。对专项技术和自选项目进行访谈调查，发现问题，得出结论。

测试内容：一分钟跳绳。

测试方法：利用天天跳绳软件进行数据对比。

2.专项技能项目作业效果评价。

依托天天跳绳软件，检查学生完成体育作业情况。举办课堂小比赛、自选项目展示等检验学生完成作业的质量。通过两周的"打卡"活动，学生的原地运球能力明显提高。在单元教学最后一次课的教学测试中，学生原地运球动作标准熟练。

通过练习，大部分同学的原地运球能力有明显的提升，几乎全部同学都能够掌握正确的运球姿势和训练方法。有效地增强了学生的各项身体素质，使学生能积极主动参与到小篮球的学习和游戏活动当中。

八、结果使用

本单元作业的设计与实施效果较好。实验班级的学生经过半个月的课上学习与课下练习，身体素质有了很大提高。一分钟跳绳项目班级合格率达到100％，优秀率达到30％以上。

专项技能"原地运球"能力有很大提高，第一次课测试班级最好原地运球成绩为一分钟100次，在本单元最后一次课的测试中提高至一分钟130次。由于本次作业内容设计合理，实际效果较好，在三学年进行全面使用。使用一个月以后，三学年一分钟跳绳项目年级合格率达到99%，优秀率达到30%以上。原地运球能力有明显提高。鉴于实际效果，学校体育学科团队决定将此作业设计保留使用。

《立定跳远》作业设计

王明明

作业主题：《立定跳远》出自体育与健康三、四年级全一册第三单元。

一、教学目标

1.运动参与目标：积极活泼地参与体育，并表现出全身性的活动。

2.运动技能目标：掌握两脚同时起跳和轻巧落地的跳跃方法。

3.身体健康目标：发展跳跃能力，养成良好的健康习惯。

4.社会适应目标：培养学生尊重他人和合作学习的习惯。

二、学情分析

经过二年级的学习，学生已掌握了各种方式的跳跃，如模仿兔子、青蛙、袋鼠等动物的跳跃动作，对跳跃有了一定的基础认识，这些为三年级学生探究、合作学习提供了基础和可能。通过共同学习生活，学生已经熟悉学习环境，能通过合作共同参加体育练习，能在学习中发挥自主性和创造性，并相互交流。

三、教材分析

立定跳远是低年级体育教学的重点内容。教学重点是两脚同时起跳，落地平稳。所以，教学应着重解决两个问题：一是培养学生正确的跳跃姿势，为学生以后的发展与提高打下基础；二是让学生学会轻巧落地的方法，增强安全参加体育活动的意识，提高自我保护的能力。

四、教学分析

本单元教学分析：

本单元计划上4次课，学习原地纵跳摸高和立定跳远动作，使80%的学生学会立定跳远动作。本单元旨在让学生学会立定跳远的完整示范动作，特别是做立定跳远动作时两脚开立于起跳线后，经过两臂预摆（也有做好臂后下举的静止姿势），配合两脚屈膝蹬伸，向前上方跳出，收腿向前落地，通过作业的设计突破教学重点、难点。

本单元评价要素：

1.让学生积极参与学习，并大胆向同学展示自己的动作。相信"我能行"，辞别"我不行"。

2.使学生掌握一些立定跳远的练习方法，并了解立定跳远的知识及对身体的作用。

3.让学生在学习中充分展现自我，增强自信心和意志品质，感受到成功的喜悦。

4.培养学生良好的团结协作精神，使其积极进取、乐观开朗。

五、作业全文

作业周期以一单元教学为一个周期（暂定2周）。

1.基本运动项目。

基本运动项目即辅助立定跳远的力量训练，包括高抬腿、纵跳摸高、跳绳、仰卧起坐，这些训练对学生的踝关节、膝关节等下肢关节的肌肉群都有不错的作用功效。在练习的过程中，需要运用到腿部、腰腹部等肌肉群，能够帮助提高下肢力量，同时也可以帮助锻炼柔韧性，对学生的下肢肌肉有非常不错的练习效果。弹跳力是全身力量、跑动速度、反应速度、身体协调性、身体柔韧性、身体灵活性的综合体现，对肌腱、韧带、肌肉、扩大关节的活动范围都有提高的作用。同时，做各种复杂的动作有利于提高身体协调性。

基于运动练习情况记录表样式见表1。

表1 基本运动项练习情况记录表

时间	高抬腿	纵跳摸高	跳绳	仰卧起坐
星期一				
星期二				
星期三				
星期四				
星期五				
星期六				
星期日				

2.专项技能。

专项技能即立定跳远，跳时两腿稍分，膝微屈，身体前倾，然后两臂自然前后预摆2次，两腿随着屈伸。当两臂从后向前上方做有力摆动时，两脚用前脚掌迅速蹬地，膝关节充分蹬直的同时展髋向前跳起，身体尽量向前送，身体在空间成一斜线，过最高点后屈膝、收腹、小腿前伸，两臂自上而下向后摆，落地时脚跟先着地，落地后屈膝缓冲，上体前倾。要提高立定跳远成绩，力量是基础，特别要提高膝、踝、髋3个关节的协调用力及爆发用力的能力。

专项技能练习时间安排见表2。

表2 专项技能练习时间安排表

时间	内容
星期一	摆臂摸高（和小朋友一起）
星期三	比一比"立定跳远"
星期五	亲子比赛"立定跳远"

【设计意图】

1.加强学生的体能锻炼。

现在的学生学习压力很大，大部分学生在学校时以在教室学习为主，运动量较少，放学回到家以后要抓紧时间做作业，也没有运动的时间。学生长时间不运动，体能会下降，身体素质就会变得越来越差，因此，通过布置体育家庭作业，可以增加学生的运动时间，从而提高学生的身体素质。

2.巩固课堂学习的内容。

课堂上课时间为40分钟，学生完成立定跳远动作的有效时间为20分钟左右。学生在课堂上虽然学会了动作要领，但是不能很好地体会动作要领，必须多次练习，将理论和实践相结合才能真正学会。通过布置体育家庭作业，可以培养学生自主学习的习惯。

3.提高学生的自信心。

我国学生的耐力、肺活量近10年趋于停滞，甚至有所下降；学生的近视率居高不下，而且是年级越高、近视率越高；肥胖儿童和超体重儿童比例不断增加，很多学生因为肥胖而自卑，不再阳光活泼。体育家庭作业可以针对不同的学生做出调整，减少肥胖学生的比例。布置一些欢快又能得到锻炼的作业可以改变学生的身心状态，提高学生的自信心，增强学生的自豪感。

六、完成标准

优秀：每周3种内容均有练习，立定跳远成绩在1.6米以上。

良好：每周练习不少于2种内容，立定跳远成绩在1.41米以上。

及格：每周练习不少于1种内容，立定跳远成绩在1.19米以上。

七、效果评价

（一）作业监督、检查与反馈

作业监督：三年级学生年纪较小，自制力差，作业的完成需要家长进行监督。同时，通过与家长沟通，提高家长对体育重要性的认识，可以使家长积极配合督促学生完成家庭作业。

作业检查：作业检查应由体育教师完成。可以通过乐学卡对班级作业完成情况进行统计；在微信群抽查，学生提交视频文件，展示作业完成度；通过腾讯会议对作业共性问题进行线上解答；举办课堂小比赛，通过自选项目展示等，检验学生完成作业的质量，根据作业的具体内容做出相应的安排。

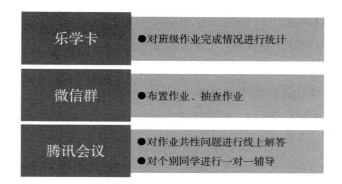

作业反馈：作业反馈是将作业里的错误、学生身体素质情况、立定跳远的动作要领掌握程度记录下来。要在体育课上对优秀的学生予以表扬，并记录评价单；与作业完成不理想的同学单独谈话，并进行一对一辅导。

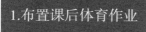

（二）效果评价

1.基本运动项目作业效果评价。

对学生的立定跳远项目进行前测后测，分析数据，发现学生身体素质及能力上的进步。

前测时间：本单元教学第一课时。

后测时间：本单位教学第四课时。

测试内容：纵跳摸高。

测试方法：准备测试时，受测试学生双脚自然分开，呈站立姿势。接到指令后，学生屈腿半蹲，双臂尽力后摆，然后向前上方快速摆臂，双腿同时发力，尽力垂直向上起跳，同时单手举起触摸测试标尺。

通过两次数据的对比，得出学生经过作业的练习，纵跳摸高能力得到提高。

2.专项技能作业效果评价。

对亲子（友伴）合作项目进行过程性评价。学生以家庭作业记录卡的形式，在每次体育锻炼后记录完成相关数据，如高度、距离等，并建议家长检查签字，由体育教师检查。通过2周的家庭作业锻炼，学生的摸高能力和跳远能力明显提高。在本单元教学第四次课上对立定跳远进行测试，记录数据并进行对比，学生的立定跳远能力均得到提高。

八、结果使用

本单元作业设计与实施收到较好效果。实验班级学生经过2周体育课上的训练与课下练习的辅助，身体素质有了较大的提高，专项技能立定跳远能力也有很大提高。第一次测试班级最好成绩为1.5 米，在本单元最后一次课的测试中提高至1.65 米。由于本次作业内容设计合理、实际效果较好，在三年级进行全面使用。使用一个月以后，三年级立定跳远项目及格率达99%，优秀率达30%以上，学生的跳远及跳高能力有明显提高，立定跳远技术动作及纵跳摸高能力明显好于上一届学生的同期水平。鉴于实际效果，学校体育学科教学团队决定将此作业设计保留使用。

《自己的动物园》作业设计

许丽波

作业主题：《自己的动物园》出自小学综合实践活动二年级上册第一单元。

一、教学目标

1.知识目标：学生能观察和欣赏动物的形色特征，能感受不同动物的自然美，并能用简短的话语大胆表达内心的感受。

2.能力目标：启发学生根据歌曲的情绪，用轻快的声音表现小朋友在动物园里看到许多动物时惊奇又高兴的心情；能够用彩泥制作出动物。

3.情感目标：激发学生对动物的关爱，使学生感受到人与动物以及自然之间的密切关系；激发学生热爱动物，关注动物生活环境的情感。

二、学情分析

很多学生都喜爱动物，喜欢和动物做朋友，有的同学还自己养动物。世界上的动物那么多种，我们家里能养的毕竟有限。当然，我们可以通过看视频、看书本来了解更多的动物，但这两种方式不够直接。因此，去动物园看动物就是我们了解动物的一种最直接、有效的途径。

三、教材分析

上海科技教育出版社《小学综合实践活动资源包》二年级上册第一单元《开心动物园》共有四个活动主题。活动一，观察动物的体表。这个活动的学习内容是让学生简单了解动物的体表有什么。有的是皮肤，有的是毛，还有的是鳞片，也有动物体表是黏液。活动二，认识我喜欢的鱼。鱼是生活在水里的动物，和生活在陆地上的动物有着很大的不同。它们是用鳃呼吸的，陆地上的动物是用肺呼吸的。而且鱼的种类非常多，很多鱼非常美丽，给我们带来视觉上的美感。活动三，自己的动物园。这课是让学生学会用身边的材料制作动物，建立一个属于自己的动物园。在这个活动中，学生们根据自己喜爱的动物和动手能力，完成自己的作品。活动四，我会照顾它。这课是让学生在了解这些动物的基础上，学习怎么照顾动物，做个合格的饲养员。

四、教学分析

本课教学一课时。教师在课堂上用彩泥做示范，指导学生制作彩泥狮子。在本课教学中，学生学会了动手制作动物，也表达了对动物的喜爱之情。同时，根据老师所教的制作技法，学生制作出更多的彩泥动物，建立了自己的动物园。

五、作业全文

同学们，你们自己建立的动物园想不想有人来参观呢？我们到动物园观看动物都要购买门票，那么，今天的课后延展作业就是设计动物园门票。请同学们参考老师给出的动物园门票的样式，设计门票。

门票的设计需要有三部分内容：

（1）门票正面又分为两部分内容。第一部分是正卷，要有门票的名称，画上和名称有关的图画。比如，我们设计的是动物园门票，名称就叫《北方森林动物园》。需要画上野生动物，至少画出三种。

（2）正面第二部分是副卷。副卷的内容包括名称、发票联、票价和编号。票价的设定要符合当前的物价水平。编号的作用是统计印刷多少票，卖出多少张票和便于统计入园人数，也方便计算收入多少金额。

（3）第三部分是背面，要设计导览图方便游客参观。

因为社会各界对儿童的关爱，很多地方对儿童采取半价的方式收费，所以动物园也有儿童票。儿童票的设计也很有特色，基本是以卡通动物的形象来表现。本次作业设计不做具体要求，可以在价格上体现。

认识并会写钱的符号：¥。

认识并会写汉字数字：壹（1）、贰（2）、叁（3）、肆（4）、伍（5）、陆（6）、柒（7）、捌（8）、玖（9）、拾（10）。

【作业布置意图】

本课作业是本节内容所学的拓展知识，其中有实践，也有对生活中一些物事的认知，还包括职业体验活动。美术设计师，就是职业体验。对于没有绘画功底的学生，老师给出建议，就是可以裁剪出合适大小的动物图案，粘贴在门票适当的位置，让学生有能力完成学习目标。通过门票的设计，学生要了解有关门票的知识，知道门票上要包含哪些内容，这些内容有什么作用。小小门票，拥有大学问，也有人们的智慧，美观的门票还具有收藏价值。通过门票的设计，学生学会了以后去各种场馆参观，可以在门票上获得一些帮助。

特别说明：随着科技的进步，电子门票也进入人们的生活。我们去动物园参观，不再需要手持纸质门票。只要有智能手机，下载电子门票，扫码一样可以进入。电子门票的设计也很美观，本作业不做要求，只需了解即可。

六、完成标准

根据学生的认知能力和动手绘画水平，本次作业分为三个层次。

A级：能完整、美观制作出动物园门票，能画出合理的导览图。

B级：能完整制作出美观的动物园门票正面。

C级：能做出动物园门票的基本样式，不够完整，也不够美观。

由于有的学生绘画能力有限，老师可以建议上网截图打印或是把旧书本上的图画剪下来，粘贴门票图案。

七、效果评价

根据学生制作动物园门票的效果，每一级都设置三颗星、两颗星、一颗星的评价标准。

八、结果使用

本课作业设计，既能拓展学生的知识技能，也能训练学生的动手能力，丰富学生的课余生活，让学生在玩中学、学中做。即使学生能力能达到的，也有一定的难度。更让学生了解到生活中一些事物的产生都是为生产生活服务的。门票的设计，是美术设计师的工作内容，这可以让他们有职业体验感，从而树立"我能行"的自信心。

1.样式模板：正面。

北方森林动物园门票	北方森林动物园
	发票联
	票价
	元
	编号：

2.样式模板：背面。

动物园游览图

《危险我知晓——安全上学、放学》作业设计

叶 琦

作业主题：《危险我知晓——安全上学、放学》出自小学综合实践活动三年级上册第九单元。

一、教学目标

1.知识与技能目标：能准确判断上下学路上存在的安全隐患，掌握安全知识，注意安全问题，学会制作安全地图，提高安全意识。

2.过程与方法目标：通过小组合作的方式完成安全宣传单，提高合作能力。

3.情感态度价值观目标：有集体主义观念，树立合作意识，体会合作探究的乐趣，通过绘画安全地图，提高审美能力。

二、学情分析

三年级学生拥有一定的认知能力和分辨能力，却未达到成熟水平，看待事物相对片面。他们对交通安全问题虽有一定的了解，但缺乏自我保护意识；基本能够分辨交通行为的正误，但在思想意识上不够重视。同时，学生对新鲜事物充满好奇，具有较强的求知欲和探索欲，自我意识增强，胆子更大，喜欢按照自己的意愿和喜好做事。但他们更喜欢独立完成作业，不会与人合作。

三、教材分析

本单元主题是《危险我知晓》，关注学生安全问题。安全问题是全社会

共同的关注点，血淋淋的交通事故大多是学生甚至家长的安全知识和安全防范意识淡薄造成的。如何保障学生安全上放学，如何防止学生独自在家中时因使用水电煤气而发生意外，如何帮助学生在遇到突发情况时能够自救、互救，是我们应该关注的重点。本单元的活动主题聚焦于安全上放学、家中安全小卫生以及争做自救互救小尖兵三个活动，通过小组合作讨论、制作切实可行的安全对策等方式提高学生的安全知识储量和安全意识，帮助学生健康成长。

四、教学分析

本单元的主题为《危险我知晓》，分为安全上学、放学；家中安全小卫士；争做自救互救小尖兵三个活动。分别从社会、家中和学校三个角度向学生普及了安全知识。三个活动围绕着培养学生的安全意识展开，通过给学生提供展示自己的舞台，使学生了解提高安全意识是排除安全隐患的根本途径，只有提高自我防范意识和安全意识，才能确保自身安全。

本课时活动为安全上学、放学，课上从学生上学、放学的方式以及存在的安全隐患和如何规避安全隐患三个方面入手，帮助学生明确上放学要选择正确的交通方式，找出安全隐患，提高安全意识。

五、作业全文

活动主题	危险我知晓——安全上学、放学		
	基础类作业	提高类作业	拓展类作业
作业类型及内容	1.连线题。请将相应的交通标识和文字连在一起。 注意前方800米施工 无人看守铁道 注意人行横道	制作安全地图。请同学们画出自己回家的路线图，并在路线图上标出危险的地方，注明应对危险的办法。要求：安全地图要包括学校到家的路线、潜在危险、应对危险的方法。	设计安全宣传单。完成方式：小组合作完成。要求：请同学们以小组为单位，制作安全宣传单。安全宣传单具体包括宣传主题、宣传内容（描述式或条款式）、警示性图画、落款。

基础类作业	提高类作业	拓展类作业
![注意危险] 注意危险 ![注意儿童] 注意儿童 ![注意环岛标志] 注意环岛标志 2.思考题。想一想，没有交警叔叔、交通标志的地方，我们应该怎么走？		

【设计意图】

此次活动共布置三类作业。布置原则把握为难度上从易到难；类型上包括书面作业、口头作业、探究性作业和合作性作业；完成方式既有独立完成，也有合作完成。

基础类作业：

1.连线题。

将相应的交通标识和文字连在一起。该作业难度较低，目的在于复习巩固课上所学知识，使知识牢牢印在学生的脑海中，加深对交通标识的印象。

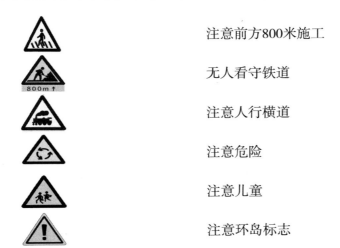

注意前方800米施工

无人看守铁道

注意人行横道

注意危险

注意儿童

注意环岛标志

2.思考题。

想一想，当没有交警叔叔、交通标志的地方，我们应该怎么走？学生通过思考之后，将心中想法用语言表达出来，锻炼了学生的语言表达能力。鉴于此作业是口头表达类作业，教师无法检查作业完成质量，因此学生完成作业后，可以将心中的想法发布到微信群中，以便于教师检查。同时微信群内其他的学生也可以交流讨论，以帮助学生思路更加清晰、逻辑更加缜密。

提高类作业：

制作安全地图。

画出自己回家的路线图，并在路线图上标出危险的地方，注明应对危险的办法。此项作业考查学生的画图能力，在画图的过程中熟悉上放学路线，将潜在危险和应对措施画在图中，图文结合，更能激起学生完成热情，形式更灵活，学知识的同时，还可以培养学生的审美能力。

拓展类作业：

作业内容：设计安全宣传单。

作业形式：小组合作完成。

安全宣传单具体包括宣传主题、宣传内容（描述式或条款式）、警示性图画、落款。制作安全宣传单的作业对于三年级的孩子来说，具有一定的难度，布置作业前要首先向学生展示安全宣传单的具体形式，其次讲清安全宣传单的具体构成。对于扩展类的作业，为减轻学生学业负担，可以通过小组合作的方式完成。小组合作的完成方式可以培养学生与人合作的能力，提高集体意识。

六、完成标准

1.运用课堂学习到的知识完成以上三类作业。

2.制作安全地图要包括学校到家的路线、潜在危险、应对危险的方法。地图绘制要美观、简洁、明了。

3.设计安全宣传单作业要包括宣传主题、宣传内容（描述式或条款式）、警示性图画、落款。完成方式要以小组方式进行。

七、效果评价

具体的作业效果评见形式可参考下表。

《危险我知晓——安全上学、放学》作业效果评价表

作业类型	具体要求	效果评价		
		全部完成	部分完成	少数完成
基础类作业	能够通过所学知识完成连线题	☺ ☺ ☺	☺ ☺	☺
	能够语言清晰、条理分明讲清思考题	☺ ☺ ☺	☺ ☺	☺
提高类作业	安全地图内容全面	☺ ☺ ☺	☺ ☺	☺
	地图美观、简洁	☺ ☺ ☺	☺ ☺	☺
拓展类作业	主动和同学配合	☺ ☺ ☺	☺ ☺	☺
	乐于帮助同学	☺ ☺ ☺	☺ ☺	☺
	认真倾听同学的建议	☺ ☺ ☺	☺ ☺	☺
	对小组的作业做出贡献	☺ ☺ ☺	☺ ☺	☺

八、结果使用

首先，通过本节课的作业完成，学生学会了上放学路上交通安全的知识，丰富了学生的知识储量。但作业的目的不仅限于学习知识，更重要的在于引导学生用头脑思考问题，用语言归纳表达。

其次，通过安全地图的制作，可以减少学生上放学路上危险发生的概率。同样，学生可以举一反三，制作其他方面地图。例如，家庭地图、校园地图等。

最后，设计安全宣传单的作业锻炼了学生合作能力，增强了学生集体意识。通过安全宣传单的设计学生可以触类旁通，制作自救互救宣传单。

《设计纸盒房屋》作业设计

王 妤

作业主题：《设计纸盒房屋》出自黑龙江省小学地方课程技术学科五年级上册第4课。

一、教学目标

1.知识与技能：能根据房屋的一般形状和基本特点，初步学习用纸盒改制成房屋模型的技能；能根据设计要求选择合适的材料和工具用绘画、粘贴、刻挖和组合等方法表达建模中门、窗、阳台和整体的效果；能学习运用模仿和组合等创造技法设计和制作纸盒大楼。

2.过程与方法：通过调查、观察、交流、反馈，提出初步制作纸盒大楼的方法；能从解决实际的问题出发，用设计图表达自己的想法，并制作纸盒大楼；能通过与他人交流，发现新的问题，并修改和完善设计图，制作多种形式的大楼模型。

3.情感、态度与价值观：能通过纸盒大楼的设计，初步形成技术意识；学习倾听，学习表达并从中提高；在设计和制作活动中，体验制作的过程和成功的快乐，培养学生良好的劳动习惯。

二、学情分析

本课的内容对于五年级的学生来说比较陌生，应该让学生提前做好预习工作，以便课堂上交流使用。

三、教材分析

以促进学生全面发展为宗旨，以提高学生的技术素养为主要目标。使学生通过技术课程的学习，对技术世界具有初步的了解和认识；通过技术活动，体验解决技术问题和进行创新技术的思维方式与操作过程；在初步具备技术技能的基础上，学会应用各种所学的知识和技能解决生活中的现实问题；有效地促进创新能力和探索精神的发展；在了解技术与生活的密切关系的同时，获得情感态度及价值观的发展。

四、教学分析

了解建筑物的一般特点，孕育欣赏建筑物的最初萌芽，通过设计、制作在集体的氛围中自发地学习，从中学习纸工艺的各种制作技巧并能团结互助。合理安排建筑物的门、窗、阳台、屋顶、周围环境和各单元组件的组合。通过拼合、堆砌和装饰，把感觉到与想象出的立体造型用纸盒表现出来，体验凭借顽强毅力坚持活动的乐趣。

五、作业全文

1.动手实践。

孩子们，家里也许有很多纸盒都是没用的，让我们一次性地把它们整理出来，根据其大小形状的特点，组合并美化装饰做成好看的DIY模型——纸盒房屋吧！

2.小小调查员。

教师通过接龙管家发布作业，同学们以小组为单位，交流怎样能把废旧的纸壳变废为宝，让小盒子有大用途。

作业设计意图：作为拓展，可以引导学生利用不同形状的纸盒制作一个整体的区域模型。此外，还可指导学生学习道路、树木、草坪等模型的制作方法，以丰富整体区域模型的表现形式。

六、完成标准

能说出设计的一般步骤；能说出模型的作用；能根据纸盒特点设计合适

的房屋模型。

七、效果评价

同学们的设计新颖独特、叙述形象逼真，真是一群名副其实的"小小建筑工程师"。从这节课中我们发现生活中处处都有美，我们的双眼能发现美，双手能创造美！老师祝愿大家好好学习，将来用自己的聪明才智为祖国的建设添砖加瓦，让我们的城市更美好！

八、结果使用

可利用自评、互评、师评等多元评价方式对学生的作品进行评价，同时锻炼学生的口头表达能力。

《书，我们的朋友》作业设计

杨文利

作业主题：《书，我们的朋友》出自黑龙江省小学地方课程四年级下册第3课。

一、教学目标

1.通过学生自荐书目，分享交流心得，了解书的发展历程，感受读书带给自己的收获，懂得多读书、读好书的重要性；落实"人文积淀"的核心素养点。

2.通过填写读书卡，撰写读书感悟，整理读书摘抄等活动，让学生学会在读书过程中思考，并对书籍内容进行整合概括，能够用清晰思路将书介绍给他人；落实"理性思维、问题解决"等核心素养点。

3.在趣味问答等环节中，让学生感受到读书带给自己的广阔眼界，更加热爱读书，从而养成良好的读书品质及读书习惯。

二、学情分析

四年级的学生是自主阅读日渐深入的阶段，对文学性的描述开始感兴趣，在读书的同时也开始渐渐有自主思考的能力。但仍有部分同学将读书与学习概念混淆，对于读书对人类的重要性认识不够。因此，要引导学生对书的关注，有意识地与他们交流读书的感受，倾听学生对一个故事的看法，加强学生对口语表达的兴趣，同时，帮助学生有意识地进行阅读整理，撰写读书感悟，帮助学生思维等各方面提高。

三、教材分析

《书，我们的朋友》选自黑龙江省小学地方课程《生命教育》四年级下册第三课。书，是人类进步的阶梯，是开启未知世界的钥匙。在"世界图书日"即将到来之际，以"书"为主题，与学生讨论读书带来的收获，分享读书感受，进而让学生自然认识到读书的重要性是本课的重要目的。同时也让学生知道读书可以丰富我们的文化生活，促进身心健康成长，从而养成良好的读书品质及读书习惯，促进学生热爱读书，热爱生活。

四、教学分析

针对本课程的内容，我深入研读新课程标准，结合本学期生命教育的教学定位，针对四年级学生的实际特点，又融入我对学科素养的分析与把握，呈现出本次的课程设计。课程内容环环相扣、逻辑清晰，在学生的自我思考中不断推进展开。通过自主研学、交流表达等策略，学生完全成为学习的主体，掌握课程节奏。同时，游戏竞赛、谜语猜测、制作读书卡等趣味性活动，让课堂充满活力，让学生充满兴趣。课程设计进一步落实"双减"政策，在减轻学生作业负担的同时，也在有趣、有思、有学的课堂中，完成课程目标、落实核心素养。

五、作业全文

必选作业：

1.小小图书交流会。

举办一个小小图书交流会，可以互相交换读书卡，也可以把教室的一角布置成"小小图书角"，每人提供1—2本自己喜欢的书，推荐给同学，并放置在班级图书角中，互相借阅，让大家阅读到更多的好书。

【设计意图】

让学生通过自荐书目，分享交流心得，了解书的发展历程，感受读书带给自己的收获，懂得多读书、读好书的重要性。落实了"人文积淀"的核心素养点。

2.读故事，写感受。

莫言是中国获得"诺贝尔文学奖"第一人。童年时酷爱读书，为了借一本书看，他给人拉一上午的磨；本村的书不够看，他就去周围村子借。少年时，他曾被挡在校门外，但他坚持白天下地干活，晚上在昏暗的油灯下读书，自学全部中学课本。30岁后，莫言先后考入解放军艺术学院和鲁迅文学院，并获得文艺学硕士学位，终于圆了自己的大学梦，开始了新的人生。读了这个故事，我的感想是：（　　　　）。

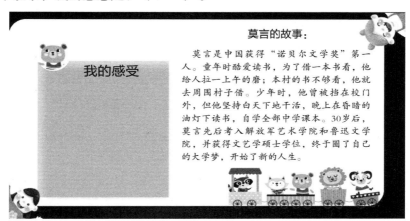

【设计意图】

通过读故事并撰写感悟，学生能从名人身上汲取读书的力量，知道阅读量上的差距，意识到自己的阅读热情远远不够，激发学生读书的热情，拓展阅读的空间，达成情感目标，落实"文化自信"和"审美创造"的核心素养。

自选作业：

1.制作读书卡。

回忆你这半年中印象深刻的一本书，填写读书卡。

书名：＿＿＿＿＿＿＿＿

作者：＿＿＿＿＿＿＿＿

阅读时间：＿＿＿＿＿＿

读中所获：＿＿＿＿＿＿

读后感悟：＿＿＿＿＿＿

【设计意图】

学生课上分享自己的收获，教师不做评判，只做引导，同时在其他同学的补充下，让学生们自主完成初步认知目标，有效发挥自主课堂对教与学的促进与矫正作用。

2.做漂亮的书签。

动手做一张漂亮的书签，把收集到的或者原创的关于读书的格言抄写在上面。当你读书的时候，可以把它夹在书中，激励自己多读书、读好书。

【设计意图】

通过收集读书的格言，让学生知道读书可以丰富我们的文化生活，促进身心健康成长，从而养成良好的读书习惯，提升读书品质，更加热爱读书、热爱生活。

3.互相赠礼。

同学之间互相赠送自己用心制作的读书卡或者书签，也可以分享自己阅读的书籍，彼此丰盈。

【设计意图】

学生在互相赠礼活动中，通过感受、理解、欣赏、评价可以获得较为丰富的审美经验，感受到读书带给自己的广阔眼界，从而更加热爱读书，逐渐养成爱读书、会读书、读好书的习惯。

作业布置意图：

"双减"背景下，优化作业设计对教师课程观、教学智慧等方面提出了更高的要求。本课针对不同层次学生，以"必选作业与自选作业"的形式设计了分层作业，通过"班级优化大师"发布作业。

学生通过在班级优化大师软件上传作业后，进行分享交流。（体现B6技术支持的展示交流。）

任务一，学生自荐书目，分享交流心得，了解书的发展历程，感受读书带给自己的收获，懂得多读书、读好书的重要性。

任务二，动手做一张漂亮的书签，把收集到的或者原创的关于读书的格言抄写在上面，进一步提升学生的动手实践能力以及创意设计能力。

六、完成标准

学生能完成必选作业和自选作业，教师评价为A+等级。学生能完成必选作业，教师评价为A等级。学生能在两项作业当中任选一项完成，教师可用评语的方式鼓励学生积极参与。通过问卷星下发评价表，以自评、互评、师评的方式进行作业评价，并通过问卷星汇总评价数据（体现C5数据个性指导）。

七、效果评价

项目		评价内容	自评	互评	师评
			涂上自己喜欢的颜色		
必选作业	任务一	推荐书目内容丰富，将书中的精华内容与其他同学分享。	☆ ☆ ☆	☆ ☆ ☆	☆ ☆ ☆
		在读书交流中，学生能够在语言实践中，感受语言文字的丰富内涵。	☆ ☆ ☆	☆ ☆ ☆	☆ ☆ ☆
		在具体的语言情境中有效交流沟通。	☆ ☆ ☆	☆ ☆ ☆	☆ ☆ ☆
自选作业	任务二	设计精心，内容突出，逻辑思维性强。	☆ ☆ ☆	☆ ☆ ☆	☆ ☆ ☆
		动手实践能力比较好，内容较丰富。	☆ ☆ ☆	☆ ☆ ☆	☆ ☆ ☆
		内容不够丰富，动手实践能力弱。	☆ ☆ ☆	☆ ☆ ☆	☆ ☆ ☆
总评		（18—16颗☆）A+ （15—10颗☆）A （10颗☆及以下）加油！	（ ）☆	（ ）☆	（ ）☆

八、结果使用

从学生制作的读书卡和书签中挑选优秀的作品，在班级或者学校的展示台进行展示，或通过微信平台展示班级学生本节课的实践活动情况，以此激发更多学生的读书热情。同时，开展有效的读书活动进行后续的补充，让读书活动一直延续下去，成为学生必不可少的一份"精神营养餐"。

《禾木旁》作业设计

张继周

作业主题：《禾木旁》出自北师大版书法四年级上册第三单元。

一、教学目标

1.理解掌握禾木旁的书写方法。

2.认识禾木旁的形体特征，掌握禾木旁与字右部的合理搭配。

3.了解禾木旁在篆、隶、草、楷、行五种书体中的形态变化。

二、学情分析

近几年来，教育部门多次提出关于加强青少年汉字书写教育的提案和意见，书法教学越来越受到重视。本课的教学对象是四年级的学生，在此之前，学生都接触过毛笔，经过三年级一年的学习掌握了基本笔画的书写。禾木旁是四年级上册居于字左偏旁的最后一个内容，通过前面的学习，学生的审美能力和书写能力都有了一定的基础。

三、教材分析

本课是本册教材的第9课，隶属于第三单元，禾木旁是本册教材居于字左偏旁的最后一个内容，在全册书中起到了承上启下的作用。

四、教学分析

1.以"禾"字为例，认识禾字旁在篆、隶、草、楷、行五体中的不同形态。

2.观察禾木旁的形态（学生观察之后进行讨论交流），教师分析讲解书写要点：在第七课中，学习欧体楷书木字旁。本课的禾木旁是木字旁上面多加一撇，其"木"部书写参照木字旁，要注意撇与"木"部的关系。我们要参照木字旁的特点写禾木旁，达到举一反三的目的。

3.掌握带有禾木旁例字的书写方法。

主次与斜正　　　　左右相谐　　　　竖画正直　　　　动作呼应

"和"字，左边的禾木旁正直，右边的"口"部向左侧斜，字的左右相斜。

"利"字，禾旁左边的竖画和右侧的竖画动作呼应，因此禾木旁主笔竖变成竖钩，并且整个字中三笔竖都要写直。

"移"的用笔与结构特征：同样是偏旁主笔为竖钩。强调的是欧体结字险峻，左边禾木旁平正，右侧"多"部成斜势，需奇而复正。

"书法园地"栏目中，"楷书分大小"介绍大楷、中楷、小楷与榜书，激发学生学习书法的兴趣。

五、作业全文

课前作业：

1.复习正确的坐姿。

预设：头正，身直，脚平，两臂自然打开。

【**作业设计意图**】

《中小学书法教育指导纲要》中规定，要养成良好的书写习惯，良好的坐姿也是审美品位的一种体现形式。

2.复习五指执笔法。

预设：指实，掌虚，掌竖，管直。

【**作业设计意图**】

掌握正确的书写姿势，使技法与审美相互依存。

3.复习书写木字旁。

预设：木字旁由四笔组成，木字旁以竖为主体，竖笔也写成竖钩。木字做偏旁时，将捺笔变成点，点的起笔一般不在横竖的交叉处，而是略向下移，横和竖的交叉点在横的偏右处，木字旁的末端一般是整个字的左侧支承点。

【作业设计意图】

练习书写欧体楷书的木字旁，熟练掌握木字旁的书写方法。本课的禾木旁是木字旁上面多一撇，其"木"部的写法参照木字旁，只是要注意撇与"木"部的关系。因此可以运用知识的迁移来学习，激发学生的学习兴趣。

六、完成标准

评价指标	完成水平
"双姿"正确。字形正确、规范、工整、有美感。卷面整齐、整洁。	A+
"双姿"正确。字形正确、端正、均匀。卷面整齐、整洁。	A
"双姿"正确。字形正确、端正、整洁。卷面比较整齐，不涂改。	A–
"双姿"较差。字形不够规范，有错误、松散、歪斜。卷面不整齐。	B

七、效果评价

三项课前作业使学生快速进入书写状态，保持良好的书写情绪，在书写木字旁时获得成功的体验。

八、结果使用

激发学生热爱汉字和书写的热情。

欣赏5种（篆、隶、草、楷、行）碑帖中禾木旁的写法。观察"禾、和、利、移"四个字。

篆书　　隶书　　草书　　楷书　　行书

【作业设计意图】

书法是学生观察力、思维判断力、动手表现力的有机结合。课前着手进行读帖解字观察体验，训练用眼敏锐捕捉点画的细节，在关键点画做圈画批注，在书上留下体验的痕迹，使学生眼、手、脑有机结合。

九、课堂作业

1.教师书写示范禾木旁的写法后学生独立练习。

预设：笔尖斜切写撇，向左下行笔，同时慢慢提笔，笔画渐渐变细收笔。短撇较平。横画向右上方倾斜。竖画沉稳坚定。竖左侧的撇起笔与竖相连，慢慢提笔出锋，点画边行笔边下压笔锋，至最宽处略停，向下行笔，同时笔锋渐收上提、停，收起笔尖。

【作业设计意图】

因有木字旁的书写基础，参照木字旁的特点书写禾木旁，达到举一反三的目的。

【完成标准】

评价指标	完成水平
"双姿"正确。字形正确、短撇较平、竖画沉稳坚定、点画书写坚定果断。有美感。	A+
"双姿"正确。字形正确、短撇较平、竖画较沉稳坚定、点画书写较坚定果断。卷面整齐、整洁。	A
"双姿"正确。字形正确、短撇较平、竖画重心不稳、点画收笔无力。卷面不整齐。	A−

【效果评价】

上述评价为教师评价学生书写的标准，是针对学生书写技法与习惯的评价。80%的学生在已有木字旁书写方法的基础上能掌握要点书写，落笔流畅。20%的学生要点掌握欠佳，书写习惯欠佳。

【结果使用】

在已有知识迁移的基础上，在教师面批、个别指导、重点讲解作用下，大部分学生掌握了禾木旁的书写。针对书写能力较弱的学生应引导他们关注重点笔画如竖与点的书写，并在课后多加练习。还要关注所有学生书写习惯的培养。

2.带有禾木旁例字的书写练习。

（1）"和"的书写。

预设：左边禾木旁正直，右边"口"部向左倾斜，字的左右相谐。

（2）"利"的书写。

预设：欧体"利"字左边的禾木旁的竖画和右侧" 刂 "部中的竖画动作呼应。禾木旁主笔竖变成竖钩，并且整个字中三笔竖都要写得正直。禾木旁的首撇与第四笔撇也是动作呼应的笔画。

【作业设计意图】

练习书写带有禾木旁的两个汉字。

【完成标准】

评价指标	完成水平
"双姿"正确。笔画的形态、长短、方向、位置正确，疏密匀称。书写流利，纸面整洁。	A+
"双姿"正确。笔画的形态、长短、方向、位置较得当，部件、偏旁等组合比例大体适当。纸面干净。	A
"双姿"正确。结字尚平正，但字有明显缺点和不足。	A−

【效果评价】

上述评价为生生互评（和）、师生互评（利）的标准。此项作业不仅提高了学生的书写水平，培养了学生的书写习惯，还让学生感受到了汉字的美感，如"利"字中两处动作呼应。60%的学生能做到将部件与偏旁合理组合，重心平稳，感受汉字之美。30%的学生虽书写流利，能做到笔画形态合理，但美感不足。而10%的学生将部件与偏旁搭配起来的能力较弱。

（3）"移"的书写。

观察讨论"移"字中两个部分的斜正与动静关系。

预设："移"字禾木旁平稳，竖画出钩，右边的"多"部向右倾斜，并且四个撇与禾木旁时远时近、相离相合、相互呼应，禾木旁的上撇和"木"

部的撇上下错落、平行书写，形成一个整体。

【作业设计意图】练习书写带有禾木旁的汉字。

【完成标准】

评价指标	完成水平
"双姿"正确。书写流利，版面整洁。笔画连贯，位置正确，疏密匀称。认真倾听同学、老师的指导，虚心修改。	A+
"双姿"正确。纸面干净。笔画形态、长短、方向、位置较得当，部件、偏旁等组合比例大体适当。认真倾听同学、老师的指导，虚心修改。	A
"双姿"正确。结字尚平正，但字有明显缺点和不足。倾听同学、老师的指导。	A–

【效果评价】

上述为学生自我评价的标准。经过一节课的学习，学生已掌握了由基础部首到所组成汉字的书写练习的方法。对自己所写的汉字进行评价，对和同伴合作学习的过程进行评价刚好是一种体验，是中国传统文化的传承。学生对"移"的书写都较为满意。

【结果使用】

在书法课的练习中，经历了师生、生生、自我评价，学生提升了书写软笔的兴趣，对我国传统文化的热爱之情更重要。

十、课后作业

1.看视频练字。（禾、和、利书写指导）

【作业设计意图】

教师的书写示范帮助学生回顾汉字书写要点，为课下练习提供参考。

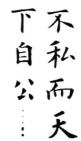

2.集字练习啦！下节课可以展示给同学们欣赏！

【作业设计意图】

对学有余力的孩子提供较简单的一幅字，也是对禾字旁的延伸练习，可以增强学生的书写热情、文化自信。

效果评价：两项课后作业力求技法与审美的相互依存，使学生掌握书写要点的同时还提高了审美能力，从而更加热爱中国的传统文化。